Detlef Vonde

Moderne Zeiten

Miniaturen Wuppertaler Geschichte

Verlag Edition Köndgen

Verlag Edition Köndgen

Im Verlag Edition Köndgen erscheinen Bücher und Geschenkartikel über Wuppertal, Schwelm und das Bergische Land. Die vielfältigen Facetten dieser Region werden darin lebendig präsentiert.

www.edition-koendgen.de

Die Deutsche Bibliothek verzeichnet diese Publikation in der Deutschen Nationalbibliographie (www.dnb.de).

Das Buch „Moderne Zeiten“ ist in zwei Ausgaben lieferbar:
Kartonierte Ausgabe: 978-3-948217-17-4
E-Book als ePub für alle gängigen Lesegeräte: 978-3-948217-57-0

1. Auflage 2021

Deutsche Originalausgabe

Titelbild: Blick auf die alte Reichsbahndirektion, Detlef Vonde
Gestaltung: Iulia Corjan
Druck: BoD GmbH, Norderstedt
Printed in Germany
ISBN 978-3-948217-17-4
www.edition-koendgen.de

1. Einführung

Wuppertal. Das klingt für viele Menschen im Lande nicht gerade positiv: Nach etwas seltsamer Ortsgeografie (lang und schmal), leicht geschmacksunsicherem Städtebau, vielleicht sogar mit einer Prise Bielefeld? Gelegentlich nach verballhornter Provinzialität im Stile Loriots (*Herrenboutique*) und hin und wieder umweht von einem Hauch Skandal. Das ist natürlich erstens ungerecht und zweitens ein ziemlich falsches Vorurteil, dem man durchaus die zahlreichen Liebeserklärungen für diese *Stadt auf den zweiten Blick* aus prominenten Mündern entgegenhalten könnte: Bergisches L.A., deutsches Manchester (was allerdings weniger liebevoll gemeint und zudem noch falsch ist), Schwebebahnstadt, Bergische Metropole und natürlich Pina Bausch. Die genannten Negativ-Varianten haben allerdings einen reichlich unangenehmen Nachteil: Sie verfügen offenbar über Halbwertzeiten von langer Dauer. Dies erscheint umso schlimmer, als das tatsächliche historische Profil und die Bedeutung der Stadt als Modernisierungszentrum ersten Ranges in einem ziemlich ungünstigen Verhältnis zum streckenweise bedenklichen Image nach außen und in der Folge zum kollektiven Selbstbewusstsein nach innen steht. Muss das so sein?

Als ich 1986 aus dem Ruhrgebiet in die Stadt zog, war ich sicher, in theoretisch dürrer, aber empirisch fruchtbarer Zeit künftig in einem geschichtsträchtigen Umfeld leben und arbeiten zu dürfen, das den Potenzialen der Selbstinszenierung des Ruhrgebietes (*Industriekultur und Maloche*), aus dem ich ja auch wissenschaftlich herkam, in nichts nachstehen musste. Damals wurde heftig mit neuen Varianten historischen Forschens experimentiert. Alltagsgeschichte und *Oral History*, Regional- und Lokalgeschichte mit ihrem hohen Maß an kleinräumiger Konkretion und Verbindlichkeit waren gerade *hip*. Wo also, wenn nicht im Wuppertal, dem Zentrum der Frühindustrialisierung, sollte ein junger Historiker mit Interesse für die Wege und Abwege der Modernisierungsprozesse im 19. und 20. Jahrhundert besser fündig werden als hier. Ich war allerdings überrascht, dass sich einerseits die internationale Historikerzunft für dieses Ensemble der Modernisierung an der Wupper zwar erkennbar interessierte und entsprechend viele kluge Bücher publizierte, in der Stadt selbst aber von Geschichte wenig bis nichts zu spüren war. Eine wissenschaftlich begründete Stadtgeschichte gibt es bis heute nicht. Das fand ich ebenso erstaunlich wie schade. Um den persönlichen, erfahrungsgeschichtlichen Ausflug hier abzukürzen: Schiefe Bilder zu korrigieren, das hatte mir zuvor schon im *Revier der großen Dörfer* große Freude bereitet. Könnte man doch auch mal im Wuppertal versuchen. Als wir im Sommer 2004 das erste Wuppertaler Geschichtsfest im Engelsgarten und im Historischen Zentrum mit einigen tausend Menschen feierten, da war klar: Die Wuppertaler Geschichte hat ein potenziell großes Publikum.

An irgendeinem schönen Montagabend 2015 fragte mich Lothar Leuschen, der Wuppertaler Chefredakteur der Westdeutschen Zeitung, im Anschluss an eine Politische Runde in der Bergischen VHS, ob ich nicht Lust hätte, einmal im Monat eine Geschichtskolumne für das Blatt zu schreiben. Ich weiß gar nicht, ob ich eher erfreut oder irritiert war: Einerseits erschien mir das Medium einer Tageszeitung goldrichtig, um oben angeführte Ziele zu verfolgen. Anderseits war ich unsicher, ob ich hier tatsächlich gut aufgehoben wäre, sagte aber letztlich zu, als man mir jegliche Freiheit in der Themenwahl und Darstellung einräumte: Stadtgeschichte – meinungsstark, respektvoll, aber ohne Weichzeichner. Seitdem sind an jedem vierten Samstag im Monat in der WZ bisher rund 60 kompakte Kolumnen zur *Wuppertaler Geschichte* erschienen, jede im Umfang von maximal 3.500 Zeichen, die jetzt in diesem Buch, ergänzt um einige vertiefende Texte, noch einmal abgedruckt sind für alle diejenigen, die durch das flüchtige Medium einer Tageszeitung nicht erreicht werden konnten oder die alles in handlicher Form noch einmal nachlesen wollen. Der Reiz dieser Zusammenstellung liegt m.E. dabei auch in der Tatsache, dass sich die einzelnen Beiträge wie eine Sammlung von Miniaturen hier zu einem Gesamtbild verdichten, die dabei mit verschiedenen Ebenen spielen. Alle Geschichten, die in das begrenzte Format einer Samstagsausgabe passen mussten, sind natürlich in sich abgeschlossen und dennoch schließen sie aneinander an. Sie folgen dabei an keiner Stelle einem Zwang zur Vollständigkeit, sondern sind mehr oder weniger das Resultat subjektiver Auswahl, manchmal des Zufalls und regelmäßig auch Reflex auf zeithistorische oder tagesaktuelle Ereignisse, Entwicklungen und Experimente. Perspektivwechsel also und Spiel mit der Zeit jenseits von Chronologie.

Wenn wir hier also über historische Merkmale der Entwicklung einer Stadt wie Wuppertal nachdenken wollen, dann m.E. über recht unterschiedliche Teilaspekte, die darin aufgehoben sein können: Etwa über makrohistorische Prozesse wie Industrialisierung und Urbanisierung, über die zahlreichen kreativen Akteure und Pioniere in Wissenschaft und Technik, über soziale Konflikte, Gewinner und Verlierer, über ökonomischen Erfolg und Misserfolg: alles in allem also über Wege, Umwege und Abwege der Modernisierung im Verlauf von etwa zwei Jahrhunderten. Und damit nicht zuletzt über das Selbstverständnis einer in vielfacher Hinsicht jungen Stadt mit Geschichte, die respektvoll zu zeigen sich lohnt. Sie übernahm die Vorreiterrolle für zahlreiche ökonomische, soziale, technische und infrastrukturelle Entwicklungsprozesse mit landesweiter, ja internationaler Ausstrahlung. Ein Modernisierungszentrum in der Geschichte und ein Impulsgeber für künftig *Moderne Zeiten*? Dieses Buch mit seinen gesammelten Geschichtskolumnen aber will nicht nur dabei behilflich sein, eine gesunde Dosis (historischen) Selbstbewusstseins zu entwickeln, sondern darüber hinaus zum aufmerksamen Hinschauen und kritischen Nachdenken ermuntern, nicht nur über die Licht-, sondern auch über die Schattenseiten und Widersprüche der eigenen Geschichte. Und im besten Falle einen Beitrag dazu leisten, dass die Bürgerinnen sich mit ihrer Stadt identifizieren und sich in der Gemeinschaft engagieren.

2. Wuppertaler Impulse

Der gewaltige technische, ökonomische und soziale Wandel im 19. Jahrhundert, in dessen Verlauf Deutschland vom industriellen Entwicklungsland zur führenden Industrienation aufstieg und den anfänglichen Rückstand auf England in geradezu atemberaubenden Tempo beinahe aufholte, wird in seiner handlichsten Form als *Industrielle Revolution* gereicht. Und wenn es denn so etwas gibt wie eine *Pionierregion der Industrialisierung*, dann würde man sie wohl am ehesten in frühindustriellen Agglomerationsräumen, zum Beispiel an der Wupper vermuten.

Zeitsprung um zweihundert Jahre: Stellen wir uns die Situation im Deutschland des frühen 19. Jahrhunderts, das es ja höchstens als Kulturnation gab, einmal vor. Es war ein vorwiegend agrarisch geprägtes Land, vier von fünf Menschen in Preußen lebten auf dem platten Land. Dies sollte sich innerhalb von zwei Generationen komplett ändern. Als ein Motor dieses rasanten (Urbanisierungs-)Prozesses kann die früh industrialisierte Doppelstadt an der Wupper gelten: Barmen und Elberfeld, die die Menschen, insbesondere die ärmere Landbevölkerung aus dem Bergischen, aus Nordhessen, aber auch von weiter her geradezu magisch anzogen. Kein Wunder: lockten sie doch mit Arbeit und Brot, vor allem in der kontinuierlich wachsenden Textilindustrie.

Pionierregion

Warum hatte eigentlich ausgerechnet im Wuppertal das vorindustrielle Gewerbe die Fähigkeit, sich gegenüber der englischen Konkurrenz zu behaupten und hier die industrielle Produktionsweise so erfolgreich durchzusetzen? Die Frage erscheint umso berechtigter, als sich die deutschen Einzelstaaten, Preußen inklusive, noch zu Beginn des 19. Jahrhunderts geradezu als industrielles Entwicklungsland darstellten. Solche Prozesse der *Ungleichzeitigkeit des Gleichzeitigen* (Ernst Bloch / Reinhard Koselleck) wurden in der wirtschafts- und sozialgeschichtlichen Forschung der 1980er Jahre häufig auf diesen schillernden Begriff gebracht und unter anderem am Beispiel des Wuppertals von Historikern wissenschaftlich erforscht. Für den nach deutschen Maßstäben beispiellosen gewerblichen Aufstieg der Wupperstädte werden dabei zum Beispiel von Jürgen Reulecke eine ganze Reihe von Gründen zusammengetragen:

- der vorindustrielle gewerbliche Erfolg, der im Hinblick auf Infrastruktur, Kapital und Arbeitskräfte wichtige Ressourcen stellt;
- die gewachsene und homogene Struktur funktionaler Eliten in Handel und Gewerbe aus protoindustriellen Zeiten;
- Flexibilität, Ideenreichtum und Kapitalbasis vor Ort, Faktoren, die sich in der ersten Hälfte des 19. Jahrhunderts zunächst als ausgesprochen krisenfest erweisen;
- das vielfältige, hoch qualifizierte Gewerbe, insbesondere die Bandweberei, das sich als global konkurrenzfähig bewährt.

Zwischen 1815 und 1840 entwickelte sich also im Tal der Wupper einer der größten und bedeutendsten industriellen Agglomerationsräume in ganz Deutschland. Er entstand vor allem durch Migration und zeigte als vermeintlich *deutsches Manchester*, von dem seit den 1830er Jahren gern, allerdings mächtig übertreibend die Rede war, alsbald auch seine Schattenseiten: Gemeint sind die humanen und ökologischen Folgen und Kosten dieses rapiden Prozesses in Form von Arbeiterelend, ausbeuterischer Kinderarbeit oder der Verwandlung der Wupper in eine denaturierte Kloake zum Zwecke des Abtransportes unkontrolliert eingeleiteter industrieller und menschlicher Abwässer: *wohltätige Ableiter nach dem Meere hin* – wie es im Verständnis der Zeit hieß.

Die Vorreiterrolle des Wuppertals in Sachen Industrialisierung und die frühe Einführung der Dampfkraft verdankte sich der Bündelung solcher und ähnlicher Faktoren, die sich darüber hinaus wechselseitig verstärkten und zahlreiche Folgeeffekte hervorriefen. Einer davon war der stetig wachsende Bedarf an Energieträgern wie der Steinkohle, was die Initiative zum Ausbau der Eisenbahn auf den Weg brachte. Dieser Impuls ging vom frühindustriellen Zentrum an der Wupper aus und war von entscheidender Bedeutung für die weitere Industrialisierung in Deutschland. Während das erste Projekt der Rhein-Weser-Bahngesellschaft mit der Strecke Elberfeld - Witten noch scheiterte, konnte 1838 mit dem Bau der Düsseldorf-Elberfelder Strecke begonnen werden, die schließlich bis 1841 fertig gestellt war. 1845 wurde dann der Anschluss an die Köln-Mindener-Bahn in Düsseldorf, 1847 die Verbindung mit der Prinz-Wilhelm-Bahn in Vohwinkel hergestellt und im gleichen Jahr die Strecke Elberfeld-Schwelm eröffnet. Das erschien in doppelter Hinsicht wichtig: Zum einen war damit nicht nur die strategisch so wichtige Verbindung mit dem stark expandierenden Industriegebiet an Emscher und Ruhr hergestellt, zum anderen der Anschluss an das nun landes- und europaweit wachsende Verkehrswegesystem insgesamt geschafft. Die Einrichtung des Eisenbahnwesens sorgte also dafür, dass der Doppelstadt am Rande des rheinisch-westfälischen Industriegebietes keine Standortnachteile erwuchsen und der Zugang zu den Weltmärkten möglich wurde.

Neben solch objektivierenden Erklärungsansätzen für den frühindustriellen Erfolg der Region wird gern ein wohl auf Max Weber zurückgehender, mentalitätsgeschichtlicher Befund angeführt. Danach hätte sich hier eine eigentümliche Vermischung aus protestantischer Ethik, calvinistischer Orientierung und kapitalistischer Mentalität entwickelt. Diese folgte -auf eine handliche Formel gebracht- dem Glaubensgrundsatz, ökonomischer Erfolg auf Erden ziehe die Auserwähltheit im Himmel nach sich. Das haben bereits Zeitgenossen der Frühindustrialisierung so gesehen und danach gehandelt. Nachweisen lässt sich dieser Nexus von strengem Glauben der funktionalen Eliten und deren Gewerbeerfolg allerdings nur schwer.

Urbanisierung quantitativ

Um die Mitte des 19. Jahrhunderts konnte nur der Kölner Raum mit der Wuppertaler Entwicklung in Sachen Urbanisierung mithalten. Das Ruhrgebiet schlummerte in diesen Jahren noch gleichsam im Dornröschenschlaf und verlebte ruhige Stunden vor dem *Sturm* der kommenden Industrialisierung und Migration. Ganz anders in Elberfeld und Barmen. Hier entwickelte sich schon früh ein echtes urbanes Ballungsgebiet. Beide Städte schienen schier unaufhörlich zu wachsen. Heute – in der Zeit der schrumpfenden Stadt - würde man sie wohl *Boomtowns* nennen. 1840 lag man mit zusammen etwa 42.000 Einwohnern auf dem sechsten Platz der größten Siedlungsräume in ganz Preußen. Nur 25 Jahre später hatte sich der Agglomerationsraum mit nahezu 130.000 Menschen auf den dritten Platz vorgeschoben, direkt hinter Berlin und Breslau. 1880 zählte man in der Doppelstadt ca. 190.000 Köpfe und landete im Großstadt-Ranking des Kaiserreiches auf Platz sechs und damit an der Spitze eines allgemeinen Trends in Sachen Städtewachstum. Vor allem solche mit zentralörtlicher Funktion zogen zu Beginn des 19. Jahrhunderts die freigesetzten ländlichen Unterschichten als Wanderungsziele an und konfrontierten die ansässige Bevölkerung schlagartig mit bis dahin unbekannten Problemen, etwa dem sogenannten *Pauperismus*, einer sich rapide ausbreitenden, massenhaften Verarmung der unteren Schichten. Das betraf neben den schnell wachsenden Hauptstädten wie Berlin, Wien und München und einigen Handelsstädten wie Köln und Leipzig vor allem solche Städte, in denen sich eine traditionell entwickelte Gewerbestruktur allmählich industriell zu überformen begann.

Diese Wachstumsbewegung bescherte Barmen und Elberfeld eine im Landesmaßstab eindeutige Sonderstellung: Noch in der ersten Hälfte des 19. Jahrhunderts waren deutsche Städte überwiegend klein. Lediglich Berlin und Hamburg galten um 1816 als Großstädte im heutigen Sinne mit 198.000 bzw. 128.000 Einwohnern. Düsseldorf hingegen zählte gerade einmal 23.000, München 54.000. Zum Vergleich: Barmen (19.000) / Elberfeld (22.000) zusammen 31.000 Einwohner. Noch im Jahr 1871 lebten 75% der Bevölkerung in Orten mit weniger als 5.000 Einwohnern.

Urbanisierung qualitativ

Soweit die quantitative Seite der Urbanisierung. Wie stand es um deren qualitative Dimension? Gemeint ist damit eine *Stadtentwicklung,* welche die räumliche Verdichtung durch Bevölkerungswachstum und Migrationsprozesse als infrastruktureller Modernisierungsprozess und Herausbildung einer *städtischen Lebensform* (Urbanität) begleitete.

Das rapide frühindustrielle Wachstum der Städte an der Wupper hatte seine sozialen und ökologischen Schattenseiten. Ein tiefgreifender sozialer Wandel erfasste immer mehr Lebensbereiche und zog sich durch das gesamte 19. Jahrhundert. Die stetig wachsende Arbeiterbevölkerung sah sich zunehmend in die Nischen heruntergekommener Häuser und Hinterhöfe gedrängt, nah am Ufer der durch menschliche und industrielle Abwässer zur Kloake denaturierten Wupper. „*Mehrstöckige Mietshäuser dominierten früh und waren oft hoffnungslos überfüllt. So berichtete die Barmer Zeitung im Februar 1862 von 260 Häusern, in deren 3.287 Wohnräumen 2.224 Familien mit insgesamt 10.219 Personen wohnten.*“ (Friedrich Lenger, 2009)

Der Eindruck qualvoller Enge wird auch durch zeitgenössische Quellen bestätigt, etwa die bekannten Lebenserinnerungen des Auswanderers Hermann Enters. Gegen das Anwachsen des so genannten Lumpenproletariats bemühte man in Elberfeld zunächst das traditionell überkommende, *wohlfahrtspolizeyliche* Handlungsrepertoire aus Zuzugsbeschränkung, Razzia und polizeilicher Überwachung. Die allgemein vertraute Armenpflege war alsbald aber an ihre Grenzen geraten und erwies sich letztlich als überfordert. Und der junge Friedrich Engels schrieb in seinen *Briefen aus dem Wupperthale:*

“Aber es herrscht ein schreckliches Elend unter den niedern Klassen, besonders den Fabrikarbeitern im Wuppertal; syphilitische und Brustkrankheiten herrschen in einer Ausdehnung, die kaum zu glauben ist; in Elberfeld allein werden von 2500 schulpflichtigen Kindern 1200 dem Unterricht entzogen und wachsen in den Fabriken auf, bloß damit der Fabrikherr nicht einem Erwachsenen, dessen Stelle sie vertreten, das Doppelte des Lohnes zu geben nötig hat, den er einem Kinde gibt. Die reichen Fabrikanten aber haben ein weites Gewissen, und ein

Kind mehr oder weniger verkommen zu lassen, bringt keine Pietistenseele in die Hölle, besonders wenn sie alle Sonntage zweimal in die Kirche geht." (Friedrich Engels 1839)

Grundsätzlich zeichnete sich in solchen schnell wachsenden Städten in Preußen dieser Trend ab: Überall blieb den tonangebenden städtischen Honoratioren keine andere Wahl, als die kommunale Armenpflege zu professionalisieren, wenn die sozialen Folgen der rapiden Entwicklung nicht vollständig aus dem Ruder laufen sollten. Das traditionell privat oder kirchlich organisierte Armenwesen ging dabei nach und nach in städtische Hände über und wurde künftig besser organisiert. Diese Reorganisation wurde begleitet durch den Bewusstseinswandel, dass nicht die punktuelle materielle Linderung der Not künftig das Ziel der Armenfürsorge sein solle, sondern die Befähigung und *Erziehung zur Arbeit*. Mit diesem Prozess der Modernisierung korrespondierte ein deutlich erkennbarer Trend zur Disziplinierung, der sich zum Beispiel in der verstärkten Einrichtung von Arbeitshäusern niederschlug. In Elberfeld war man in dieser Hinsicht um die Mitte des 19. Jahrhunderts der Gesamtentwicklung deutlich voraus.

Fördern, Fordern, Überwachen – das Elberfelder System als Erfolgsmodell

Die Städte in Preußen hatten Mitte des 19. Jahrhunderts qua Gesetz die Möglichkeit zur Übernahme der Armenpflege in städtischer Regie erhalten. Die Initiative in Elberfeld war von drei städtischen Unternehmern und dem Oberbürgermeister ausgegangen. Dass dies in Elberfeld geschah, folgte dem Umstand, dass gerade hier besonders intensive Erfahrungen mit den sozialen Folgen rasanter Industrialisierungs- und Urbanisierungsprozesse gemacht wurden: drastische Armut, die zumeist die Kinder und die Älteren betraf. Die krassesten Auswüchse etwa der Kinderfabrikarbeit konnten auf Initiative des pietistisch geprägten, konservativen Barmer Fabrikanten und Handelskammergründers Johannes Schuchard mit dem Kinderschutzgesetz von 1839 zwar noch einigermaßen eingegrenzt werden. Bedeutsamer aber wurde künftig der Prozess einer systematischen Neuordnung der kommunalen Armenpflege insgesamt.

Im 18. Jahrhundert war die *Armenanstalt* noch eine exklusiv von der Kirche wahrgenommene und später vom Elberfelder Bürgermeister, Banker und Sozialreformer, Johann Jakob Aders, konzipierte städtische Aufgabe. Dieses alsbald überforderte *Wohltätigkeitswesen* wurde 1853 abgelöst durch eine Mischung aus kommunaler Aufsicht und ehrenamtlicher Armenpflege, die das in Pflegebezirke aufgeteilte Stadtgebiet versorgen sollte: Das *Elberfelder System*, welches bis 1919 bestand. Es war zugleich die Zeit des wachsenden Vertrauens in technische Lösungen, auch für soziale Fragen, die künftig von Experten beantwortet werden sollten.

Das *System* funktionierte in der Praxis so, dass den anfangs 252 Ehrenamtlern zunächst 10, später maximal 4 bedürftige Familien zugewiesen wurden, die sie in regelmäßigen Abständen zu Hause aufsuchten und auf *Bedürftigkeit* überprüften. Parallel dazu boten diese Armenpfleger Beratung und Arbeitsvermittlung als *Dienstleistungen* an: Gleichsam eine frühe Variante des *Förderns und Forderns*, die durch einen klaren Trend zur Disziplinierung durch Überwachung geprägt war. Der Lebenswandel der Unterstützten wurde nämlich höchst peinlich kontrolliert. Wer etwa als zumutbar deklarierte Arbeitszuweisungen ablehnte, schied rigoros aus der Unterstützung aus. Diese sogenannten *Provisoren* erfüllten ihre Aufgaben komplett in Eigenregie und verfügten dabei über weit reichende Entscheidungsbefugnisse, ein Umstand, der ihnen sowohl Verantwortung abverlangte als auch ein Höchstmaß an Macht verlieh. Ihre Motive? Eher unklar. Es verbanden sich hier wohl christlich-patriarchalische Formen der Fürsorge und Nächstenliebe mit den sozialen Disziplinierungsstrategien der kapitalistischen Gesellschaft. Der Erfolg des Elberfelder Systems war indessen beträchtlich, schlug sich im Ergebnis in den Armenstatistiken und damit auch finanziell nieder. 1870 brachte es ein zeitgenössischer Beobachter gezielt auf den Punkt, indem er Elberfeld als die *vielleicht bettelfreieste Stadt im Lande* bezeichnete. Und es war zugleich auch ein Exportschlager: Am Ende des 19. Jahrhunderts galt es in 55 von 71 deutschen Städten als die *ultima ratio* des damals modernen Sozialwesens der bürgerlichen Gesellschaft, mit internationaler Ausstrahlung bis Budapest und Moskau.

Pädagogischer Realismus und Innovation – das Bildungswesen

Schon vor dem *Elberfelder System* hatte sich in der Doppelstadt an der Wupper ein differenziertes Schulwesen etablieren können, zumindest, was die privilegierten Systeme der höheren Bildung anging. Das heimische Bürgertum schickte sich an, eine Schule zu organisieren, die seinen gewerblich-technischen Bedürfnissen entsprach, und dies deutlich intensiver als in anderen Regionen. Die erste *Lehranstalt für die Kinder aus den höheren Ständen* in Elberfeld hatte seit 1804 ausgerechnet den Inspektor der neuen kommunalen Armenschule als Leiter: Johann Friedrich Wilberg. Gegenüber der örtlichen Lateinschule betonte das neue *Institut*, wie dieser Schultyp allgemein hieß, neben dem klassischen Kanon (Sprachen, Philosophie, Religion) die naturwissenschaftlichen Realien und Mathematik, verzichtete dafür vollständig auf die alten Sprachen. Wilbergs Schule war damit Ausdruck des ökonomischen und sozialen Wandels der Zeit: Der Lehrplan der höheren Schule trug nicht zuletzt den gewerblich-technischen Entwicklungen Rechnung und bot den Kindern *der besseren Gesellschaft* einen privilegierten Zugang zur modernen Bildung. Und er folgte der inneren Logik des im Wuppertal vorherrschenden Pietismus, der das Tätigwerden im Diesseits als höchstes Indiz von Frömmigkeit postulierte und damit einen pädagogischen Realismus gleichsam auf die Tagesordnung setzte. Die *Erfolgsgeschichte* dieser Institute erklärt sich aber insbesondere aus den *moderneren* Methoden und Konzepten. Wilberg etwa hat dies in seinen Publikationen der Nachwelt überliefert und die Zeitgenossen inspiriert. Die

Institute waren (wie die Elementarschulen) offen für Knaben und Mädchen, förderten ein ausgeprägtes Arbeitsethos und setzten im Prinzip auf Formen selbst gesteuerten Lernens im Unterricht, das *„der Lehrer in Gang setzen und gelegentlich zu steuern hat, das aber im Wesentlichen selbsttätig durch den Schüler vorangetrieben wird. (....)“*. (zit. nach Volkmar Wittmütz, 1981)

Bildung, Erziehung und Unterricht in der Schule folgten in der Logik Wilbergs einem gleichsam naturgesetzlichen Prozess. Die höhere Schule wurde zum Ort, wo sich die religiösen Überzeugungen und die wirtschaftlichen, gesellschaftlichen und auch politischen Interessen der bürgerlichen Gesellschaft trafen. Gerade die Doppelstadt an der Wupper brachte hier zahlreiche Persönlichkeiten mit landesweiter Ausstrahlung hervor, wie Adolf Diesterweg oder Wilhelm Dörpfeld. Diesterweg kümmerte sich als liberaler Bildungspolitiker und Leiter eines der ersten deutschen Lehrerseminare intensiv um die Professionalisierung des Berufes. Ihm wird attestiert, dass er viele Grundgedanken und -thesen der späteren Reformpädagogik um fast einhundert Jahre vorweggenommen habe.

Einer der heute weniger bekannten aber in seiner Zeit äußerst einflussreichen Pädagogen war der Lehrer, Organist, Naturwissenschaftler und Techniker Peter Nicolaus Caspar Egen, der in Elberfeld eine erste Realschule gründete, 1830 deren Leitung übernahm und sie geradezu zur Musteranstalt ausbaute. 1845 gründete er dort außerdem die erste deutsche höhere Webeschule. Landesweit bekannt wurde der promovierte Physiker aber insbesondere als *Pionier* der Eisenbahn. Er saß in zahlreichen Gesellschaften und dürfte den heute wesentlich bekannteren Friedrich Harkort an Einfluss in Sachen Eisenbahnbau wohl deutlich übertroffen haben, insbesondere weil ihn 1848 die preußische Regierung zum Vortragenden Rat in das Ministerium für Handel, Gewerbe und öffentliche Arbeiten berufen hatte, bevor er schließlich zum Direktor des königlichen Gewerbeinstituts in Berlin aufstieg. Peter Nikolaus Caspar Egen machte eine bewundernswerte Karriere, die ihn vom Dorfkind und autodidaktisch gebildeten Schulmeister in ein hohes Staatsamt geführt hatte. Ein echter *Pionier*.

Die Doppelstadt an der Wupper hatte also schon im Verlauf des 19. Jahrhunderts in Sachen Bildung einiges zu bieten. Dass sich das Bildungssystem im Tal schnell an kaufmännischen Belangen orientierte, kommt durch den Umstand zum Ausdruck, dass in Barmen und Elberfeld mit den ersten Gewerbeschulen ein völlig neuer Schultyp in Deutschland entstand. Sie bildeten durch praktischen und theoretischen Unterricht im Umfang von ein bis zwei Jahren Weber, Werkmeister, Musterzeichner und Fabrikanten aus. Die zunehmend arbeitsteilig und hierarchisch organisierten Arbeitsprozesse förderten diese Entfaltung eines modernen Fachschulwesens, zunächst ausgehend von der Textilindustrie, in konzertierter Aktion von Bürgervereinen, Stadt, Handwerkskammer des Wuppertals und ab 1870 dann flächendeckend in ganz Deutschland. Und dass 1912 in Barmen, lange vor der eigentlichen Gründungswelle ab 1919, eine der ersten

Volkshochschulen in Deutschland Kurse für Erwachsene und damit dem eigenen Anspruch nach Bildung *für alle* anbot, sei nur am Rande vermerkt.

Vom Lenken zum Planen – Kommunale Daseinsvorsorge

Das Bürgertum in Städten wie Barmen und Elberfeld setzte die Standards der Urbanisierung. Städte wurden dabei allgemein als eine Art *lebendiger Organismus* verstanden, den es zum eigenen Vorteil *gesund* zu erhalten galt. Anfangs noch ehrenamtlich. Das Prinzip der Honoratiorentätigkeit in der Gemeinde spielte bis zum Ende des 19. Jahrhunderts eine mehr oder minder wichtige Rolle, wurde aber schließlich verdrängt durch einen deutlichen Trend zur Professionalisierung in allen Bereichen der kommunalen Daseinsvorsorge durch den Einsatz von Fachkräften. Diese Entwicklung konnte in Elberfeld an eine Reihe lokaler Traditionen und Sonderentwicklungen anknüpfen: Neben der Auseinandersetzung mit den sozialen Folgen früher Industrialisierung seit den 1840er Jahren, die Versuche zur Steuerung von Migrationsprozessen, deren Handlungsrepertoire von der Zuzugsverweigerung für Mittellose bis hin zur Aktivierung sozialpflegerischer Instrumente reichte. Verschiedene Konzepte sozialer Reform, erste sozialistische Versammlungen, organisiert vom Barmer Fabrikantensohn, Friedrich Engels und dem Bonner Philosophen Moses Hess, der auch den vom Elberfelder Buchhändler Julius Baedeker verlegten *Gesellschaftsspiegel. Organ zur Vertretung der besitzlosen Volksklassen und zur Beleuchtung der gesell-*

schaftlichen Zustände der Gegenwart herausgab, schließlich die Gründung der katholischen Gesellenbewegung durch den Kaplan Adolf Kolping und den Lehrer Gregor Breuer: Diese Impulse gehen zunächst auf die Initiativen einzelner Bürger zurück, werden dann gegen Ende des 19. Jahrhunderts im Verlaufe des Rückzugs der alten Honoratiorenfamilien aus der kommunalen Selbstverwaltung aber von der kommunalen Leistungsverwaltung verstärkt selbst gesetzt. Die Kommune wird aktiv. Die Belange der Daseinsvorsorge wurden in den Städten künftig verstärkt als öffentliche Aufgaben begriffen und von einer aufstrebenden Leistungsverwaltung schließlich selbstbewusst in die Hand genommen. Städte wie Barmen und Elberfeld erwiesen sich auch in dieser Hinsicht als Vorreiter. Ein Prozess, der allerdings längst nicht überall erfolgreich war. Insgesamt machte es nämlich einen gewaltigen Unterschied, in welcher Art von Industriestadt insbesondere die Arbeiterbevölkerung dieser Zeit lebte. Dass Stadtluft inzwischen nicht mehr *frei*, sondern eher *krank* machen konnte, galt besonders krass für die eher jungen Industrieregionen, wie das *Revier* an Emscher und Ruhr, weniger für die gewachsenen Industriestädte an der Wupper, wo die Säuglingssterblichkeit signifikant niedriger, der allgemeine Gesundheitszustand besser und die kulturellen Angebote der Zeit vielfältiger waren. Die Stadtverwaltungen der Doppelstadt verfügten dort sehr viel ausgeprägter als die gleichsam über Nacht explodierenden Städte und Riesendörfer im Revier über gewachsene Strukturen und Ressourcen, planend und steuernd in die industriellen Wachstumsprozesse, die sozialen, infrastrukturellen und kulturellen Rahmenbedingungen einzugreifen.

Gegen Ende des 19. Jahrhunderts hatte sich hier ein neues Berufsbeamtentum entwickelt, das selbstbewusst auftrat und wichtige Planungs- und Steuerungsprozesse in die Hand nahm. Noch 1871 beschäftigte die Stadt Barmen lediglich 21 Schreiber und 4 Beamte in der Bauverwaltung. Knapp vierzig Jahre später standen bereits 338 Angestellte und Beamte sowie 146 Beamte im Hoch- und Tiefbau auf dem Lohnzettel der Kommune. Dieser sprunghafte Ausbau der Verwaltungsbürokratie folgte zwar einem allgemeinen Trend dieser Zeit, setzte aber in der Doppelstadt besonders früh und intensiv ein: Ergebnis der Herausforderungen durch eine expandierende Industrie auf der einen Seite und die daraus erwachsenden sozialen und ökologischen Folgen auf der anderen Seite.

Diese Entwicklung *vom Lenken zum Planen* folgte einer Logik, die sich aus einer eigentümlichen Mischung von Eigeninteressen der Industrie, klaren Motiven der Haus- und Grundstücksbesitzer, von ordnungspolizeilichen Grundüberzeugungen, aber auch aus älterer Gemeinwohlorientierung und dem neuen, *munizipalsozialistisch* genannten Denken ergab: Infrastrukturentwicklung durch Straßen- und Wegebau, durch Energie- und Wasserversorgung, durch Kanalisation, Hygieneeinrichtungen, Krankenhäuser, Schlachthöfe, Müllabfuhr, durch Neubau von Schulen in kommunaler Regie – dies alles entsprach diesem neuen gemeinwohlorientierten Denken. Vor allem in den Bereichen Energieversorgung (Wasser, Elektrizität, Gas) und Entsorgung (Kanalisation, Müllabfuhr, Straßenreinigung) griff die kommunale Tätigkeit in deutschen Städten ein und dehnte ihr Spektrum alsbald auf die Kontrolle von Nahrungs- und Genussmitteln u.a. durch die Einrichtung von Schlacht- und Viehhöfen aus. Darüber hinaus erweiterte sich der Kanon der als öffentlich begriffenen Aufgaben auf den Bau von Gemeindekrankenhäusern, die Anlage von Friedhöfen bis hin zur Einrichtung kultureller Infrastruktur (Theater, Museen, Bibliotheken) sowie kollektiver Gesundheitsvorsorge (Badeanstalten, Sport- und Erholungsstätten, Parks). Das Ensemble solcher Einrichtungen prägte wesentlich die *Urbanität* einer Stadt. Zeitgenossen diskutierten diese Entwicklung unter dem Stichwort *Munizipalsozialismus*. Dieser häufig polemisch gemeinte Begriff hatte in Deutschland eine eher neutrale, unpolitisch-technische Rezeption. Ihm fehlte die demokratisch sozialistische Zuspitzung des viel früher etablierten *Local–Government-Systems* in England. Bürgerliche Sozialreformer in Deutschland betonten die potenziell systemstabilisierende Qualität dieses Trends zur Kommunalisierung, der seine Wurzeln in der *Wohlfahrtspolizey* und der modernen Städtetechnik hatte.

Infrastrukturen und moderne Städtetechnik

Gegen Ende des 19. Jahrhunderts hatte die Stadt Elberfeld ihren Charakter als Textilindustriestadt dann erheblich stärker als ihre Nachbarin reduziert, indem sie sich mehr und mehr zu einer Handelsstadt entwickelte. Während 1861 gerade einmal 13% aller Beschäftigten in den Bereichen Handel und Verkehr unterkamen, waren es 1907 bereits fast 30% (in Barmen 1907 dagegen nur 17,2%).

Die Elberfelder Kaufmannschaft, die ihr Zentrum in der damals weltbekannten Geschäftsstraße Hofaue besaß, hatte nun für die Barmer Industrie, abgesehen vom Bankwesen, fast alle überregionalen Handelsfunktionen übernommen. Dem Barmer Handel blieb demgegenüber nur die Funktion der überwiegend lokalen Versorgung. Überhaupt die Hofaue: Sie galt als das westdeutsche Zentrum des Textilgroßhandels und der Bekleidungsindustrie schlechthin, als eine Lebensader des Wuppertals. Angeblich soll sie selbst in amerikanischen Modezeitschriften einen geradezu legendären Ruf genossen haben, der eine nähere Länderbezeichnung überflüssig machte. Und angeblich soll ein Brief aus Südamerika, mit der Anschrift *Hofaue, Germany* adressiert, den Empfänger unverzüglich erreicht haben: Auch jenseits des Anekdotischen ein Hinweis auf Elberfelder Renommee weit über die Landesgrenzen hinaus.

Seit 1879 versorgten Wasserwerke aus der Nachbarschaft (Benrath, Volmarstein) Bevölkerung und Industrie mit sauberem Wasser. Nach der Jahrhundertwende kamen dann Talsperren in städtischer Regie hinzu, die zu den ersten in Deutschland zählten. Auch die Geschichte der Wuppertaler Stadtentwässerung geht bis ins Jahr 1879 zurück. Die Hauptherausforderung im Elberfelder Talkessel lag in der Verhinderung der periodisch auftretenden Überschwemmungen, deren man schließlich durch die Anlage eines Systems von Bachkanälen und Regenwasserleitungen auch Herr wurde. Der Bau einer Kanalisation in Elberfeld (Beginn: Ende des 19. Jahrhunderts) und der Kläranlage Buchenhofen (1906) brachte für die Wupper zeitweise allerdings eine zusätzliche Verschlechterung der Wasserqualität, da nun plötzlich Abwässer, die vorher versickert oder als Dünger auf die Felder gebracht worden waren, dem Fluss – ungenügend geklärt – direkt zugeführt wurden.

Das auslaufende 19. Jahrhundert war zugleich durch den energiewirtschaftlich bedeutsamen Abschied von der Dampfkraft hin zu Gas- und Elektroantrieben geprägt. Die neuen Energien hatten den Vorteil, dass sie weit weniger aufwändig in Sachen Investition, Einsatz und Betrieb waren. Auch kleinere und mittlere Handwerksbetriebe konnten sich jetzt die neuen Motoren leisten. Dieser so strategisch wichtige, technische Innovationsprozess fand insbesondere in Elberfeld die notwendige Basis ausreichend angesparten Kapitals. Im Rahmen der Energieversorgung zählten Barmen und Elberfeld – neben Berlin - denn auch zu den ersten deutschen Städten, die über eigene Gaswerke (1837/46) und später über kommunale Elektrizitätswerke verfügten (1887/88), welche schon bald aufgrund des allgemeinen Trends zu Elektromotoren den wachsenden Bedarf nicht mehr decken konnten. Sie mussten erweitert werden. Allgemein zogen die Städte des Deutschen Reiches nach: 481 Gaswerke konnte man im Jahre 1877 zählen, beinahe die Hälfte davon in kommunaler Regie. Der Trend zur Kommunalisierung der Energieversorgung im Bereich der Elektrizität brach sich also ebenfalls in zwei alten Industriestädten wie Barmen und Elberfeld Bahn. Dies hatte seine ökonomischen Gründe. Zum einen garantierte die aus florierenden Klein- und Mittelbetrieben geprägten te Wirtschaftsstruktur der beiden Städte eine gleichbleibend stabile Nachfrage. Zum anderen verschaffte die relativ *gesunde* Haushaltslage der Kommunen finanzielle Spielräume, die den Trend zur Kommunalisierung solcher Betriebe überhaupt erst ermöglichte und zum Beispiel die Stromversorgung zur kommunalen Angelegenheit werden ließ. 1887 erhielten Elberfeld, ein Jahr später die Nachbarstadt Barmen, die ersten Elektrizitätswerke, die überhaupt in Preußen eingerichtet wurden; bis 1892 folgten dann Hannover, Breslau, Kassel, Köln, Düsseldorf, Altona, Remscheid und Frankfurt am Main.

Diese neuen Elektrizitätswerke ermöglichten ab sofort auch die grundlegende Modernisierung des gesamten Personennahverkehrs, insbesondere durch den seit Beginn der 1890er Jahre elektrifizierten Straßenbahnverkehr. Die erhöhte Mobilität insbesondere der Arbeitsbevölkerung erweiterte die Pendlerströme, die Verkehrsmittel gewannen erheblichen Einfluss auf die Gestaltung und Entwicklung von Innenstädten und Vororten. Die kommunale Bürokratie sah hier ein besonders wichtiges Betätigungsfeld, durch lenkende Eingriffe sozial- und wirtschaftspolitisch aktiv zu werden. Und überhaupt benötigte dieser Trend zur Modernisierung vor allem eins: geschultes technisches Personal, so dass der technische Ingenieur in städtischen Diensten künftig deutlich an Bedeutung und Prestige gewann. Die Zeit war geprägt durch ein scheinbar grenzenloses Vertrauen in die Ingenieurskunst, das umso ausgeprägter war, je gewaltiger der technische Aufwand ausfiel.

Ähnliche Pionierleistungen wurden auf dem Gebiet der Verkehrstechnik erbracht. Von besonderer Bedeutung dabei die seit 1874 bestehende Pferdebahn von Barmen nach Elberfeld, die eine wichtige Funktion im Nahverkehr übernahm und alsbald elektrifiziert wurde (1896). In Barmen war zudem seit 1894 die erste deutsche Zahnrad-Bergbahn in Betrieb. Im selben Jahr wurde auch das erste Teilstück der elektrischen Straßenbahn eröffnet, die sich schließlich in ein dichtes Liniennetz zwischen Schwelm und Elberfeld einfügte, die Nachbargemeinden und Vororte erschloss und neben dem Personennahverkehr auch wichtige Funktionen im Frachtverkehr erfüllte für die Randgebiete, die noch nicht durch die Eisenbahn erreicht wurden. Das Straßenbahnnetz Barmen/Elberfeld, das im Osten von Hagen nach Westen bis Düsseldorf und im Süden von Wermelskirchen bis nach Essen im Norden reichte, zählte bald zum viertgrößten im Deutschen Reich. Verkehrstechnisch revolutionär war jedoch die kurz nach der Jahrhundertwende fertig gestellte, später weltberühmte Schwebebahn, die mit einem Schlag die geografisch bedingten Verkehrsprobleme der Stadt lösen konnte, indem sie den für das Arbeitsleben relevanten Personennahverkehr ermöglichte und über die Wupper verlagerte.

Pionierleistungen der genannten Art machten Barmen und Elberfeld zu echten Modernisierungszentren im Verlauf des 19. und frühen 20. Jahrhunderts. In dieser Zeit vollzogen sich also in dieser Industrieregion durch Flexibilität, Anpassungsbereitschaft und Fähigkeit zur Innovation im technisch gewerblichen sowie im sozialen Bereich zahlreiche richtungsweisende Modernisierungsprozesse, die es ihr erlaubten, eine – auch international ausstrahlende - Vorreiterrolle bis weit ins 20. Jahrhundert zu bewahren. Spätestens nach dem Zweiten Weltkrieg war dann aber aus der ehemals monostrukturierten industriellen Pionierregion nur noch eine unter vielen geworden, die sich mühsam am notwendigen Strukturwandel abzuarbeiten hatte, und der die Ablösung von der ehemaligen Leitbranche zwar mehr oder weniger erfolgreich gelang, die aber gleichwohl seit den Krisen-Erfahrungen der 1960er Jahre bis heute zu den eher strukturschwächeren Regionen gezählt wird.

Die folgenden, zwischen 2015 und 2021 in der Westdeutschen Zeitung erschienen Kolumnen zur *Wuppertaler Geschichte* konkretisieren den bis hierhin grob umrissenen historischen Trend durch zahlreiche Schlaglichter auf die Akteure und Strukturen in diesem Prozess. Man kann sie lesen als in sich abgeschlossene Miniaturen einer besonderen (Stadt)Geschichte.

3. Boomtown: Entwicklungen, Entwürfe, Experimente

Die „Erfindung" der Urbanität im 19. Jahrhundert. Wupperstädte als Modernisierungszentren

Immer mehr Menschen zieht es künftig zurück in die Stadt – so die Prognose von Trendforschern und Soziologen. Hier will man leben und arbeiten. Das ist der demografische Move des Augenblicks. Städte sind attraktiv, weil *urban*, das heißt, sie versammeln neben Wissen und Kreativität, nicht nur Geld und Macht, sondern locken mit Kultur, (Konsum)Möglichkeiten, Vielfalt und Infrastruktur. Diese *Urbanität* moderner Städte erscheint uns heute geradezu als anziehend attraktive und scheinbar zeitlose Selbstverständlichkeit. Infrastrukturen fallen nur noch auf, wenn sie ausfallen und etwas nicht gewohnt reibungslos funktioniert. Dabei ist deren *Erfindung* noch gar nicht so lange her: bestenfalls ein gutes Jahrhundert.

Die Städte an der Wupper spielten in diesem historischen Modernisierungsprozess einst eine wichtige Rolle. Urbanisierung resultierte mittelbar aus dem Prozess der Migration. Das war nicht neu, stellte die Arbeitswanderung in der Geschichte doch weniger einen Ausnahmezustand als den Normalfall dar. So auch im Wuppertal. Die zuwandernden Menschenmassen aus ärmeren Gegenden des Oberbergischen oder aus Nordhessen benötigten nach ihrer Ankunft von allem mehr: Wohnungen, Schulen, Krankenhäuser, Wasser, Energie, Hygiene, Versorgung und Entsorgung. Mit modernen Worten: mehr Infrastruktur. Die Herausforderungen durch den damals massiven *„Zustrom nach den Städten“* waren - wie es die Zeitgenossen empfanden - enorm. Und die daraus entstehenden Probleme auch. Sie bildeten sich dabei insbesondere in den zum Teil elenden Wohn- und Lebensverhältnissen der Arbeiterschaft oder in grassierenden Krankheitswellen ab, als noch in den 1850er und 60er Jahren beinahe 2.000 Menschen in Barmen und Elberfeld an den großen Cholera-Epidemien starben. In den größeren Städten vollzog sich schließlich in den Jahrzehnten zwischen 1870 und dem Ersten Weltkrieg ein geradezu rasanter Ausbau der kommunalen Leistungsverwaltung, die von der Neuentwicklung technischer Ver- und Entsorgungssysteme, der Hygiene und des Gesundheitswesens profitierte.

Zeitgenossen diskutierten diesen Trend unter dem Stichwort *Munizipalsozialismus*. Das hatte mit *Sozialismus* allerdings herzlich wenig zu tun, sondern eher mit der systemstabilisierenden Vorstellung von *Gemeinwohl* durch öffentliche *Daseinsvorsorge*, nicht zuletzt als probate Mittel gegen einen drohenden Klassenkampf.

Der Doppelstadt an der Wupper, Elberfeld und Barmen, kam in diesem Urbanisierungsprozess eine echte Pionierrolle zu. Die Wasserversorgung etwa realisierte man schon früh aus Talsperren in städtischer Regie. Regenwasser- und Schmutzwasserkanäle führten beiderseits der Wupper entlang: Arbeiten, die in Elberfeld 1889 abgeschlossen, in Barmen 1890 begonnen wurden. Auch in Sachen Energieversorgung zählten beide Städte –neben Berlin - zu den ersten in ganz Deutschland, die (1837/46) über eigene Gaswerke verfügten. 1887 erhielten Elberfeld, ein Jahr später auch die Nachbarstadt Barmen schließlich die ersten kommunalen Elektrizitätswerke, die in Preußen eingerichtet wurden. Der Durchbruch zum echten urbanen Modernisierungszentrum aber gelang insbesondere in der Verkehrstechnik: Das Straßenbahnnetz Barmen/Elberfeld zählte zum viertgrößten im gesamten Deutschen Reich. In Barmen fuhr seit 1894 der aufsehenerregende Prototyp einer Zahnrad-Bergbahn. Und schließlich - verkehrstechnisch revolutionär und alsbald von Weltruf - die Schwebebahn. Die Doppelstadt an der Wupper galt in vieler Hinsicht als modern und innovativ, mit anderen Worten als *urban*.

Barmen um 1855, Lithografie Riefstahl

Denkmal im Engelsgarten

Historiker:innen wurden im Vorfeld gelegentlich gefragt, warum und wie man denn im Jahr 2020 den 200. Geburtstag von Friedrich Engels, den *großen Sohnes der Stadt*, feiern könnte oder sollte. Mal abgesehen davon, dass die globale Pandemie den Planer:innen des Jubiläumsjahres dann einen sehr bitteren Strich durch die Rechnung machte: Ob Friedrich Engels selbst an großem Pomp in eigener Sache interessiert gewesen wäre, weiß man tatsächlich nicht. Er sah die Dinge, gern bei einem guten Glas Wein, nämlich eher nüchtern. Und so blickte er auch auf seine Zeit. In einer Art Rückschau auf die prägenden Prozesse des 19. Jahrhunderts sprach er einmal über die parallel verlaufenden Auswirkungen der (französischen) *politischen* Revolution und der (englischen) *industriellen* Revolution. Er meinte damit die *Zwillingsdynamik einer modernen Welt*, die später auf die griffige Formel einer *Schwellenzeit* gebracht wurde. Daraus wurde ein etablierter Begriff der Geschichtswissenschaft, der den immensen Schub des Modernisierungsprozesses in der westlichen Welt so einprägsam bildhaft umschreibt. Gemeint ist diejenige Zeitspanne, in der das Feudalzeitalter im damals noch weitgehend agrarisch strukturierten Deutschland endgültig ad Acta gelegt wurde und die Ära eines ungebremsten Industriekapitalismus begann: mit all seinen sozialen, ökonomischen, politischen und kulturellen Einschnitten und Brüchen. Genau diese Schwellenzeit des dynamischen Übergangs ist mit Blick auf die heute rasanten Entwicklungen und Verwerfungen hoch brisant und aktuell. Wenn man die Person Friedrich Engels also biografisch verstehen und die Bedeutung seines Wirkens mit Gewinn für die Diskussionen im Hier und Jetzt aktualisieren möchte, gilt es, genau dies zu untersuchen. Die Geschichtswissenschaft nennt das *historisieren*, was aber nicht heißt, die Akteure ins Museum wegzusperren. Man könnte anders auch sagen *Erinnern und Lernen*, was das Feiern partout nicht ausschließen muss. Selbst wenn dies bis auf Weiteres virtuell geschieht.

Schon gar nicht an seinem Geburtsort, der einst zu den absoluten Boomtowns im industriell eher rückständigen Deutschland zählte. Im Verlauf des 19. Jahrhunderts genoss die Doppelstadt an der Wupper zwar einerseits den Ruf eines aufstrebenden Modernisierungszentrums, andererseits bildeten sich hier - wie an kaum einem anderen Ort im Lande - die Schattenseiten des Kapitalismus durch soziales Elend und ökologische Verwüstung gleichsam hautnah ab. Das brachte dieser pulsierenden Urbanisierungsvariante das - allerdings reichlich übertriebene - Etikett eines deutschen Manchesters ein, jener Textilstadt im Nordwesten Englands mit dem damals exponentiellen Wachstum. In diesem Manchester, genauer gesagt in den berüchtigten und als gefährlich verschrienen Slums im Vorort Salford, lernte Friedrich Engels die Kehrseiten des schrankenlosen Industriekapitalismus persönlich und aus nächster Nähe kennen, als er sich im Auftrag des Vaters dort um die Belange der Firma Ermen & Engels zu kümmern hatte. Ein Job, den er nicht besonders mochte, der ihm allerdings die Liebesbeziehung zur irischen Fabrikarbeiterin Mary Burns eintrug, die ihm wiederum exklusiven Zugang zu den örtlichen Arbeitermilieus verschaffte, welche seinem Partner Karl Marx wiederum stets fremd blieben.

Der Mitbegründer des wissenschaftlichen Sozialismus ist also ein kundiger Zeitzeuge und Analytiker der industriellen Revolution und der kapitalistischen Entwicklung mit ihren wissenschaftlich technischen Modernisierungsprozessen, aber auch der folgenschweren Krisen, der sozialen Fragen und der ausbleibenden Antworten darauf. Zugleich ist er ein informierter Kritiker der gescheiterten bürgerlichen Revolutionen und ein Impulsgeber der aufstrebenden Arbeiterbewegung. Mit anderen Worten: Er ist eine Schlüsselfigur zum Verständnis der prägenden Entwicklungen dieser fulminanten Wendezeit einer Globalisierung von Handels- und Kapitalinteressen. Die ist uns heute so nahe wie keine andere. Auch heute stehen wir vor einschneidenden Veränderungsprozessen, die das gesellschaftliche Gefüge radikal verändern werden. Wie wollen wir in einer digitalen Zukunft leben und überleben, wenn ungebremste Wachstumserwartung auf die Begrenztheit planetarer Ressourcen stößt? Eine entscheidende Frage mit Blick auf die weltweiten ökologischen Krisenszenarien im Rahmen sozialer Ungleichheit, wie man sie etwa in Deutschland zuletzt vor 1913 erlebt hat. So jüngst der berühmte französische Ökonom Thomas Piketty in einer Studie über die weltweite Verteilung von Einkommen. Diesen Zusammenhang in seinen vielfältigen Variationen aufzuzeigen, wäre ein Beitrag zum Geburtstag, der Friedrich Engels vermutlich gut gefallen hätte.

Die Erzählung vom deutschen Manchester. Wie Ferdinand Gustav Kühne einmal einen kühnen Vergleich zog.

Ferdinand Gustav Kühne, aus: Illustrirte Zeitung, 51 (1868)

Barmen und Elberfeld, die *Boomtowns* der Frühindustrialisierung in Deutschland galten vielen Zeitgenossen als urbane Symbole des damaligen Aufbruchs in eine aufregend neue Epoche: in das industriekapitalistische *lange 19. Jahrhundert*, jener *Schwellenzeit* zur Moderne, die den Menschen Hoffnungen und Ängste zugleich bescherte und die uns mit ihren Widersprüchen und Brüchen heute vermutlich nähersteht als etwa das vorige Jahrhundert. Besucher:innen nannten Elberfeld gern auch das *deutsche Manchester* und lagen damit richtig und falsch zugleich. „*Der erste Fabrikplatz Englands hat mit dem ersten Fabrikort Preußens sehr vieles gemein. Auch Manchester hat die nächsten Flecken und Dörfer in sich eingeschlossen, oder soll man sagen, seinen Stadtumkreis auf sie ausgedehnt. Manchester ist erst seit hundert Jahren so bedeutend angewachsen, und Elberfeld mit seinen 40.000 Menschen war vor zweihundert Jahren ein Ort der 800 Seelen gewesen. In beiden ist neben Reichtum zugleich so viel Elend und Armuth.*" Das schrieb im Jahre 1847 der Leipziger Verleger und schwer angesagte Journalist Ferdinand Gustav Kühne in einem Beitrag für sein Blatt *Europa – Chronik der gebildeten Welt*, welches gepflegte Reiseberichterstattung mit tagespolitischen Beiträgen und Kommentaren für ein bürgerliches Lesepublikum verbinden wollte. Kühne galt in den vierziger Jahren als einer der aufmüpfigen Vertreter der *jungdeutschen Bewegung*, zu der unter anderem auch Heinrich Heine zählte, die Biedermeier und Restauration und damit die moralische und politische Ordnung einer ganzen Epoche zu den Akten legen wollte. Der Sohn eines Holzhändlers aus Magdeburg war zugleich ein durchaus erfolgreicher Schriftsteller, der mit dem schönen Titel *Quarantäne im Irrenhaus* einen reichlich wortgewaltigen und viel gelesenen Beitrag zum kritischen Zeitgeist leistete.

Einer, der sich in Manchester damals aber besser auskannte, war der Barmer Unternehmersohn Friedrich Engels. Er hatte das Elend der Arbeiterslums von *Little Ireland* in Manchester und Salford mit eigenen Augen gesehen und genauestens analysiert. Die Industrie-Agglomeration im Nordwesten Englands galt ihm als steingewordener Nachweis der zerstörerischen Kraft eines schrankenlosen Kapitalismus. Tatsächlich: Die *Shock-City* Manchester überragte in der Mitte des 19. Jahrhunderts ihre vermeintlich deutsche Variante in Sachen Wachstum, Armut, ökologische Verwüstung, aber auch Reichtum und Wohlstand um Längen: Es war

1850 mit 400.000 Einwohnern schließlich zehnmal so groß wie Elberfeld. Und nicht zuletzt war dieses Manchester, die *Coke-Town* (Charles Dickens), auch der Ort, an dem sich die verarmten Industrieproletarier zumeist irischer Herkunft solidarisierten, gewerkschaftlich organisierten und für ihre Belange auf die Straße gingen: *strikes* und Polizeiknüppel inklusive.

Kühne aber, der Erfinder des Narrativs vom *deutschen Manchester* und leitende Redakteur des feinen *Magazins für die elegante Welt*, hatte es selbst nie bis Manchester geschafft, aber für die ersten sozialistischen Versammlungen in Elberfeld ab 1845 allenfalls Spott übrig. Wen wundert es da, dass Friedrich Engels keine sonderlich gute Meinung von ihm hatte und ihn beiläufig einen *ziemlich zahmen liberalen Literaten* nannte.

Flüchtlinge aus dem Wuppertal im 19. Jahrhundert

Auswanderschiff Hamburg - New York um 1850, Collection of the Lower East Side Tenement Museum

Das 19. Jahrhundert war die Epoche einer massenhaften Auswanderungsbewegung aus Deutschland mit dem vornehmlichen Ziel USA. Zwischen 1815 und 1914 zog es etwa 5,5 Mio. Menschen Richtung Amerika. Die meisten von ihnen stammten aus den verarmten agrarischen Gebieten in Südwest- und Süddeutschland. Allein in den revolutionären Jahren zwischen 1845 und 1849 wanderten deutlich über 300.000 Menschen aus den deutschen Teilstaaten ab. In diesen Jahren der *gescheiterten Revolution* verließen auch etwa 1.000 Bürgerinnen und Bürger aus dem Wuppertal, zum Teil im kompletten Familienverband, ihre Heimat in Richtung

Nordamerika. Einige von ihnen, wie der ehemalige Elberfelder Zeichenlehrer Hermann Joseph Alois Körner, aus gutem Grund: In den Mai-Tagen 1849 hatten aufständische Landwehrsoldaten Barrikaden errichtet und *„rothe Revolutionäre"* die Stadt besetzt. Sie kämpften für die Republik und die liberale Reichsverfassung, welche vom Preußischen König Friedrich Wilhelm IV rigoros abgelehnt wurde *(„Gegen Demokraten helfen nur Soldaten")*. Körner, einer der *Rädelsführer*, war der Präsident eines kurze Zeit in der Stadt regierenden, revolutionären Sicherheitsausschusses gewesen. Die Aufständischen hatten nämlich den Oberbürgermeister von Carnap verjagt und mit dem Bankier Daniel von der Heydt zudem eine prominente Geisel genommen. Nachdem der Aufstand durch Bürgerwehr und preußisches Militär niedergeschlagen worden war, konnten sich Körner und andere Revolutionäre ihrer Verhaftung und einer drakonischen Strafe nur durch spontane Flucht entziehen. Von den 242 Angeklagten der *„revolutionären Episode von Elberfeld"* waren schließlich 58 geflohen: Die meisten von ihnen in die USA. Und das war nicht gerade billig. Eine Reise über Rotterdam und Le Havre nach New York kostete beinahe den gesamten Jahreslohn eines heimischen Textilarbeiters. Die massenhafte Auswanderung im 19 Jahrhundert aus Deutschland war also eher eine Perspektive für die Mittelschichten als für notleidende *„Lumpenproletarier"*. Die meisten Emigranten und Flüchtlinge ließen sich dauerhaft in ihrer neuen Heimat nieder. Besagter Alois Körner aber kehrte alsbald nach Elberfeld zurück, nachdem er sich eilfertig von einem gewissen Friedrich Engels distanziert hatte, dem er nachträglich *„sozialistische Extravaganzen"* auf den Barrikaden vorwarf.

Auswanderungsgesellschaften

Während zur Zeit Migrant:innen an den Außengrenzen der EU zurückgedrängt werden, die EU selbst mit suspekten Regimen und Despoten der Mittelmeeranrainer dubiose Beziehungen unterhält, um die sogenannte *Flüchtlingswelle einzudämmen* und hunderte von verzweifelten Kindern, Frauen und Männern ihr Leben auf der Flucht nicht nur riskieren sondern häufig verlieren, in einer Zeit also, da Europa gleichsam zur Festung ausgebaut wird, bietet sich vielleicht für differenzierteres Denken die Gelegenheit zu einem Blick in die Geschichte der großen Wanderungsbewegungen im 19. Jahrhundert.

Allgemeine Auswanderungs-Zeitung.

Organ für Kunde aus deutschen Ansiedlungen, für Rath und That zu Gunsten der fortziehenden Brüder, sowie für Oeffentlichkeit im Auswanderungssachen überhaupt.

Erstes Semester.

Mit statistischen Uebersichten, Karten und Plänen, sowie mit einem Intelligenzblatte für Bekanntmachungen von Behörden u. Privaten.

(Mich. 1846 bis Ostern 1847.)

Zwischen 1815 und 1914 zog es beinahe 33 Millionen Menschen aus Europa in die Vereinigten Staaten, davon allein 5,5 Millionen aus Deutschland bzw. den jeweiligen Territorial-Staaten. Im Jahr der *gescheiterten Revolution* von 1848/49 machten sich auch etwa 1.000 Bürgerinnen und Bürger aus dem Wuppertal, nicht wenige von ihnen als politische Flüchtlinge, auf den Weg in Richtung Nordamerika, und dort zumeist in den Mittleren Westen. Die Dauer einer solchen Überfahrt ins *Land der Freiheit* war stets vom Wetter abhängig und nahm mit dem Segelschiff zwischen 7 und 12 Wochen in Anspruch. Und sie war nicht gerade billig. So kostete eine Reise über Rotterdam und Le Havre nach New York beinahe den gesamten Jahreslohn eines heimischen Textilarbeiters. Reedereien und nicht selten auch das Bordpersonal machten mit den Emigranten glänzende Geschäfte. Ausreise war also keine Perspektive für notleidende „*Lumpenproletarier*“ sondern eher für die Mittelschichten, die dann auch das notwendige Startkapital am Ziel der Träume aufbringen konnten.

Die Mehrheitsgesellschaft betrachtete diese *Auswanderungswellen* stets mit Argwohn und Sorgen. Und beliebt waren die Emigranten dort gewiss nicht. 1853 erschien ein anonymes Pamphlet, das den reaktionären Geist der Zeit besonders gut wiedergibt. Darin wurden sie gleich doppelt stigmatisiert, indem von „*Auswanderungsfieber*“ und „*Auswanderungssucht*“ die Rede war und diese eng mit dem „*Freiheitsschwindel*“ und dem „*Revolutionsfieber*“ der Jahre zuvor verknüpft wurden. Die Kampfschrift, die von dem damals populären, konservativen Volkskundler Wilhelm Heinrich Riehl aufgegriffen und verbreitet wurde, bezeichnete die Emigranten als „*Ausschuss, gefährliche Verbrecher, Schwindler, Gauner und Betrüger*“. Einmal in Schwung geraten fügte der Autor verächtlich noch die Begriffe „*Politiker, Freidenker, Atheisten, Sozialisten, Communisten und Rothrepublikaner*“ hinzu.

Die Auswanderungsbewegung suchte sich alsbald eigene Organisationsformen. Um die Mitte des 19. Jahrhunderts entstanden sogenannte Auswanderergesellschaften, die dabei behilflich waren, den Exodus vorzubereiten, zu organisieren und den Start in ein neues Leben zu vereinfachen. 1847 hatte sich eine informelle Auswandergesellschaft in Elberfeld gegründet, die es auch im nahen Solingen und in Düsseldorf gab. Die Elberfelder tagten nicht selten unter strenger Aufsicht der Polizei. Sie konnten bei ihren Reisevorbereitungen auf eine stetig wachsende Ratgeberliteratur zurückgreifen. Stilbildend war hier der 1829 in Elberfeld erschienene Reisebericht des Remscheiders Gottfried Duden. Ab den vierziger Jahren veröffentlichte der Elberfelder Verleger Julius Baedeker dann mit großem Erfolg die Berichte von Elberfelder Amerika-Auswanderern für ein interessiertes und wachsendes Lesepublikum, das gern auch zur *Allgemeinen Auswandererzeitung* griff, die wegen hoher Nachfrage bis zu dreimal wöchentlich erschien. Das Publikum fand dort neben praktischen Ratschlägen auch Erfahrungsberichte von Ausgewanderten und aktuelle Schiffslisten. In den 1840er Jahren entwickelte sich Elberfeld damit zu einem publizistischen Zentrum der Ausreiseliteratur für ein Publikum, das aus wirtschaftlichen oder politischen Gründen der Heimat den Rücken kehren wollte.

Frühe Geschäfte auf Aktien

Johann Jakob Aders

Zu Beginn des 19. Jahrhunderts war Deutschland, das es als politische Einheit ja noch gar nicht gab, ein weitgehend agrarisch geprägtes, industrielles Entwicklungsland. Vier von fünf Menschen lebten damals noch auf dem Land. Die wenigen Großstädte waren die Orte, in denen technische Entwicklung und erste finanzkapitalistische Experimente stattfanden. Barmen und Elberfeld zählten zu diesen Pionieren der frühen Industrialisierung. Die aufstrebenden Verleger-Unternehmer des heimischen Textilgewerbes dachten hier - nicht zuletzt aufgrund der Zollbeschränkungen und mangelnden Gewerbefreiheit auf dem Binnenmarkt - schon frühzeitig exportorientiert. Und ebenso frühzeitig entwickelte man neue Wege der Kapitalakkumulation durch die Gründung von Aktiengesellschaften. Zwei Beispiele waren die *Rheinisch-Westindische Kompagnie* von 1821 und der *Deutsch-Amerikanische Bergwerksverein* von 1824. Beide Gesellschaften erlebten – in der Fliegersprache – einen rasanten *Take-off* – und einen unbarmherzigen Absturz. Die frühen Geschäfte auf Aktien waren zum Scheitern verurteilt. Treibende Kraft des ersten Experimentes war der Elberfelder Bankier und Großkaufmann Johann Jakob Aders, der seit 1816 für eine Intensivierung der Exportgeschäfte warb, um Absatzgebiete in Lateinamerika zu gewinnen. Die Idee war durchaus trickreich: Durch Ausschaltung des Zwischenhandels und der Speditionsgewinne in den Hafenstädten wollte man den Vorteil der direkt exportierenden Engländer einigermaßen ausgleichen. Abhilfe schaffen sollte eine neue Handelsgesellschaft, die die exportierenden Gewerbe stützen und zugleich koloniale Reimporte ermöglichen sollte. Es sollte ein Elberfelder Großprojekt werden, das zunächst auch die gesamte regionale Kaufmannschaft mobilisieren konnte. Am 8. März 1821 wurde die *Rheinisch-Westindische Kompagnie* gegründet. Mehr als 50 Bergische Kaufleute waren daran beteiligt. Sie gründeten gemeinsam die bis dahin erst dritte Aktiengesellschaft in ganz Preußen. Selbst der preußische König Friedrich Wilhelm III hatte Papiere im Wert von 20.000 Talern gezeichnet. Die Aktiengesellschaft schien ein rentables Anlageobjekt der inzwischen großen Kapitalien des Wuppertals zu werden und genoss politischen Rückenwind von ganz oben. Niederlassungen der anfangs florierenden Kompagnie existierten bald in Mexiko, auf Kuba, in Brasilien und Argentinien. Das Aktienkapital belief sich 1825 auf 2 Mio. Taler. Zum Vergleich: Der gesamte Haushalt des preußischen Staates lag zu der Zeit bei rund 20 Mio. Talern. Die Betreiber hatten allerdings ihre Rechnung ohne die begrenzten Aufnahmekapazitäten der lateinamerikanischen Märkte gemacht. Schließlich stagnierte der Aktienverkauf. 1843 wurde die Kompagnie liquidiert. Die Spekulation musste dabei erhebliche Verluste hinnehmen. Die Gründe des Scheiterns wurden nie vollständig analysiert. Der Hauptgrund lag aber vermutlich in dem abenteuerlichen Versuch, die Zwischenhändler in den Hafenstädten auszuschalten. Das misslang gründlich.

Auch der zweite Anlauf, mit dem *Deutsch-Amerikanischen Bergwerksverein* erfolgreich Spekulationsgeschäfte zu tätigen, misslang. In Mexiko sollten mit bergtechnischem Knowhow die stillgelegten Silberminen wieder gewinnbringend in Betrieb genommen werden. Treibende Kraft war diesmal der schwerreiche Elberfelder Kaufmann Heinrich Kamp, verschwägert mit Johann Jakob Aders. Der Verein brachte rasch eine größere Zahl von Silber-, Gold-, und Bleiminen in seinen Besitz, schickte Ingenieure nach Übersee – und scheiterte. Politische Instabilität und Bandenkriminalität vor Ort bedrohte die Bergwerke. 1837 war der Verein bereits Geschichte und seine Aktionäre um reichlich Kapital ärmer. Der Rest war dann buchstäblich Schweigen.

Verteilen und Verdünnen.
Umwelt, Seuchen und Hygiene im 19. Jahrhundert

Die Jahre 1866/67 gingen als Seuchenjahre in die Wuppertaler Stadtgeschichte ein, forderte doch eine heftige Cholera- Epidemie beinahe 1.000 Todesopfer. Besonders in den Armenvierteln der Boomtowns an der Wupper herrschten katastrophale hygienische Verhältnisse. Beengtes Wohnen, verschmutztes Trinkwasser, mangelhafte Abwasserentsorgung und Abfallgruben in unmittelbarer Wohnungsnähe waren die Folgen eines chaotischen Urbanisierungsprozesses. Die Lebensumstände der Arbeiterbevölkerung stanken buchstäblich zum Himmel, und sie machten krank. Solche Elendsviertel gab es in Elberfeld an der Bachstraße (heute Gathe), an der Fuhr und im Island. Bäche und Flüsse mutierten zu wahren Kloaken: die Wupper, der Mirker Bach in Elberfeld oder der Mühlengraben in Barmen. 1858 waren der Cholera über 800 Menschen zum Opfer gefallen, 1849/50 ähnlich viele. Solche Epidemien verbreiteten gerade deswegen Angst und Schrecken, weil über ihre Ursachen noch nicht viel bekannt war. Die Seuche zählte zu den sozialen Kosten der rapiden Industrialisierung und Urbanisierung in Deutschland. Allein durch die *Asiatische Cholera* starben zwischen 1831 und 1871 in Preußen in mehreren Schüben etwa 380.000 Menschen.

Diese dramatische Entwicklung brachte die *Hygienebewegung* auf den Plan. Renommierte Wissenschaftler wie Max Pettenkofer oder Robert Koch etwa untersuchten mögliche Ursachen und Übertragungswege der Krankheit und stritten sich dabei nach allen Regeln der Kunst. Pettenkofer etwa vertrat die Theorie, dass Abwässer gar nicht geklärt zu werden brauchten, weil das angeblich durch die Selbstreinigungskräfte der Flüsse geschehe, die mit den hochverdünnten Abwässern schon irgendwie fertig würden. Verteilen und verdünnen, so seine Devise. Anders Robert Koch, der 1882 den Erreger der Tuberkulose und 1884 den Cholerabazillus isoliert und damit zum ersten Male nachgewiesen hatte, dass Krankheiten durch Bakterien entstehen konnten. Es sprach vieles dafür, dass Cholera durch verunreinigtes Trinkwasser übertragen werden konnte. Allerdings war die stringente Beweisführung reichlich schwierig. Pettenkofer führte 1892 einen legendären Selbstversuch durch, als er todesverachtend eine Lösung mit Erregern trank, die sein Kontrahent Koch für die Cholera verantwortlich machte. Nichts passierte, Pettenkofer blieb gesund. Die Anhänger von Koch gaben vor, Pettenkofer absichtlich eine verdünnte Lösung geschickt zu haben, weil sie seine Absicht bereits geahnt hätten. Vielleicht hat ihn aber auch die erhebliche Menge Bier gerettet, die er nach seinem Selbstversuch getrunken haben soll. Koch jedenfalls schien vorerst widerlegt und doch schon bald auf besonders makabre Weise bestätigt: in Hamburg brach eine geradezu verheerende Choleraepidemie aus, bei der es in nur zwei Monaten 18.000 Kranke und 7.600 Tote gab. Und das, obwohl Hamburg eine bestens ausgebaute Kanalisation hatte. Die Abwässer wurden aber in die Elbe eingeleitet, aus der auch das örtliche Trinkwasser stammte. Der Zusammenhang von verseuchtem Abwasser und Cholera schien damit nachgewiesen.

In Wuppertal brachte der Bau einer Kanalisation Ende des 19. Jahrhunderts und der Kläranlage Buchenhofen 1906 für die Wupper anfangs sogar eine zusätzliche Verschlechterung der Wasserqualität, da nun plötzlich auch Abwässer, die vorher versickert oder als Dünger auf die Felder gebracht worden waren, der Wupper – leider ungenügend geklärt – direkt zugeführt wurden. Die Cholera aber war künftig kein Thema mehr.

Wupper am Mühlenschütt um 1870

Von wilden Schweinemärkten und kommunalen Viehhöfen. Die Elberfelder Schlachthäuser im 19. Jahrhundert

„*Die Lage eines solchen Gebäudes muß wegen der Unreinlichkeit, die in demselben entsteht, und wegen des Ausmistens der ihm anschließenden Ställe, so viel wie möglich außerhalb der Stadt befindlich sein.*" So meldete die Verwaltung von Elberfeld im Jahre 1827 und meinte damit den Bau eines neuen Schlachthofes, welcher schließlich am Brausenwerth errichtet wurde, um die privaten Schlachtungen künftig in kommunaler Regie durchführen zu können. In Elberfeld, dieser aufstrebenden Großstadt in spe, trug man damit schon recht früh einem Trend der Urbanisierung Rechnung, um die sprunghaft ansteigende Stadtbevölkerung einigermaßen geordnet mit Fleisch zu versorgen. Noch spielten dabei Hygieneanforderungen eine untergeordnete Rolle. Es dominierten eher moralische Bedenken, wie sie in der damaligen Begründung der Stadt zum Ausdruck kommen: „*Das Dasein eines Schlachthauses muß endlich nebst mehrerem unverkennbarem Nutzen auch auf die Moralität der Kinder wirken; denn es kann nur böse, wenigstens keine wohltätigen Eindrücke bei diesen erwecken, wenn sie stundenlang dem Viehtöten zusehen, wozu ihnen jede Stelle der Stadt Gelegenheit gibt.*" Zur Feier des Tages der Einweihung am 29. Juni hatten einige Privatleute und Oberbürgermeister Rütger Brüning eigens einen Ochsen gestiftet, der vor Ort dann öffentlich geschlachtet wurde. Damit war das Haus eröffnet.

Die Geschichte der Schlachthöfe im 19. Jahrhundert zählt zu den wesentlichen Maßnahmen der Entwicklung einer großstädtischen Infrastruktur, zu der ab der zweiten Hälfte auch die neuentdeckte *soziale Hygiene* zählte. Deren Bedeutung wuchs, da in der Industrie erprobte Formen der Mechanisierung und Arbeitsteilung jetzt auch auf die Schlachtung, Tierverarbeitung und insgesamt auf die Produktion von Nahrungsmitteln übertragen wurden. Das preußische Schlachthofgesetz von 1868 förderte dabei insbesondere in den großen Städten den Bau von kommunalen Schlachthöfen. Und weil das aufstrebende Bürgertum der Zeit sich auch gern selbst inszenierte und wachsendes Selbstbewusstsein durch passende Stilelemente zur Schau trug, entstanden diese nicht selten in architektonischen Geschmacksformen des damals angesagten Historismus. 1879 wurde die städtische Schlachtanlage Elberfelds an den Arrenberg, unmittelbar an die Gleise des Steinbecker Bahnhofs verlegt. Hier fand sich Platz für die zügige Expansion in Form von Ställen, Schlachthäusern nebst Kessel- und Kühlhaus. Dies bot die Möglichkeit, die privaten Schlachtstellen übersichtlich zu konzentrieren und einer öffentlichen *Fleischbeschau* zuzuführen. In Preußen galt dann ab 1881 der obligatorische Schlachthauszwang, eine Gesetzesmaßnahme mit lukrativen Nebenwirkungen: Die Ausbreitung von Viehhöfen in Kombination mit Großschlachtereien erwies sich in der Folge als äußerst profitabel für die Städte, soweit sie sich die Investition denn finanziell leisten konnten. Elberfeld und Barmen konnten. Ganz anders als die gigantisch wuchernden, neuen Industriedörfern an der benachbarten Ruhr. Dort blieb etwa der im 19. Jahrhundert noch größte deutsche Schweinemarkt in Altenessen, dessen Auftrieb 1897 die stolze Zahl von

450.000 Tieren erreichte, *wild*, das heißt ungeregelt. Die dortige Gemeindeverwaltung benötigte noch Jahrzehnte, um diesen chaotischen Markt in einen öffentlichen zu überführen, dessen private Stallungen also ein ständiger Seuchenherd blieben. Öffentliche Gesundheitsvorsorge spielte in den finanzschwachen Arbeitergemeinden an der Ruhr nur eine untergeordnete Rolle. Längst aber war ein Prozess in vollem Gange, der in Chicagos Schlachthöfen in besonders brutaler Konsequenz praktiziert wurde: die Industrialisierung von Viehzucht und Viehverarbeitung. Fleisch für den Massenkonsum und in Pakete verpackt, die durch nichts mehr an ihre Herkunft erinnerten. Schweine und Rinder wurden auf Transportbändern von schlecht bezahlten Arbeitern im Minutentakt zerlegt. Die *Disassembly Lines* mit geschlachteten Tieren an einer rund laufenden Kette, wo sich die Arbeiter nicht bewegen mussten, wenn sie immer das gleiche Stück Fleisch abschnitten, waren schließlich das Vorbild für Henry Fords Fließbänder in der Automobilindustrie. Der Unterschied: Tin Lizzy wurde zusammengesetzt und nicht zerlegt wie die Schweine.

Schlachthof Elberfeld am Brausenwerth

Bildung und Macht. Die exklusive Welt der bürgerlichen Kultur- und Lesegesellschaften

Am 20. September 1856 betritt gegen Abend ein gewisser Carl Zapp mit einem Messer bewaffnet die Gesellschaftsräume der *Barmer Concordia* und sticht auf vier Männer ein, bevor er sich schließlich selbst umbringt. Der Schock in der ehrwürdigen Gesellschaft des örtlichen Bürgertums sitzt tief: Jugendliche Amoktäter wollten als Mitglieder nicht so recht passen zum feingeistigen Selbstverständnis der *exklusiven* Society in der aufstrebenden Industriestadt des frühen 19. Jahrhunderts. 1801 von 25 Honoratioren gegründet, kopierte die *Concordia* in gewisser Weise die damals populären Lesegesellschaften aus der Nachbarstadt Elberfeld. Die hießen programmatisch *Harmonie* oder *Erholung* und waren bereits gegen Ende des 18. Jahrhunderts zum Zwecke der *geselligen Unterhaltung, Belehrung und Erholung* ihrer Mitglieder gegründet worden. Solche neuen Lesegesellschaften des Rheinlandes waren exklusive Zirkel eines aufstrebenden und selbstbewussten, lokalen Bürgertums und zugleich Ausdruck für die Emanzipation gegenüber Kirche, Personenverbänden und geburtsständischen Grenzen. Solcherlei Bindungen gedachte man künftig über Bord zu werfen durch neue Prinzipien der freien Organisation etwa in Vereinen oder Gesellschaften. Eine Mitgliedschaft in der *Concordia* war allerdings nicht gerade günstig: 1817 zahlte ein potenzielles Mitglied 100 Taler Aufnahmegebühr sowie 15 Taler Mitgliedsbeitrag pro Monat, was im Schnitt über dem gesamten Monatsverdienst eines einfachen Gesellen lag. Kein Zweifel: Die Mitglieder der Concordia waren zumeist wohlhabend und - durchweg männlich. Frauen war eine Mitgliedschaft verboten.

Johann Peter Hasenclever, Das Lesekabinett, Öl auf Leinwand

In der bürgerlichen Welt des aufstrebenden Wohlstands waren sie in den häuslichen Lebensbereich verwiesen, strikt getrennt von kaufmännischer und industrieller Arbeit und den Assoziationen der Männerwelt. Auch der exklusive bürgerliche Elberfelder Zirkel erhob einen derart hohen Mitgliedsbeitrag, dass die intellektuelle Elite der Stadt weitgehend unter sich blieb. Man konnte sich deshalb u.a. eine umfangreiche Bibliothek leisten, die den Treffen und Vortragsabenden den besonderen Rahmen gab. Gelesen wurde praktisch alles, was das geistige Leben der Zeit bestimmte: Literatur, Zeitungen und Darstellungen zu Themenfeldern wie Politik, Wissenschaft, Kultur. Lesegesellschaften erreichten in deutschen Städten um die Jahrhundertwende aber gerade einmal 2% der Bürger. Sie breiteten sich verstärkt seit den 1830er Jahren selbst auf dem platten Lande aus, so dass es um 1848 keinen Ort mehr ohne Lese- und Geselligkeitsverein gegeben haben soll. Gesellschaften wie die *Concordia* entwickelten sich zum Laufsteg der örtlichen Honoratioren in Sachen

Wirtschaft und Politik, deren um die Jahrhundertwende neu erbautes Gesellschaftshaus nunmehr vis-à-vis zum Barmer Rathaus stand: Auch dies ein unmissverständlicher Ausdruck gewachsenen bürgerlichen Macht- und Selbstbewusstseins. Die *Concordia* entwickelte sich über viele Jahrzehnte hinweg zum zentralen Ort, an dem das gehobene Bürgertum der Stadt erlesene Kultur und nicht zuletzt sich selbst inszenierte: Ein hermetisch abgeschlossener Zirkel funktionaler Eliten, der Gewaltausbrüche – wie oben gesehen - künftig zu vermeiden suchte.

Leserevolution. Über die schwierige Entstehungsgeschichte von kommunalen Bibliotheken

Seit der Mitte des 19. Jahrhunderts entwickelte sich das Lesen von Büchern und Zeitungen zum *Volkssport*. Wurden 1889 schon 18.000 neue Buchtitel gedruckt, so lag die Produktion 1913 bereits bei 35.000 Exemplaren. Tendenz steigend. Damit stand man in Deutschland an der Spitze der Buchproduktion in der Welt. Historiker:innen bezeichneten diesen gesellschaftlichen Trend als *Leserevolution*, welcher über die Grenzen der bürgerlichen Bildungseliten hinauswies. Die neuen Leser waren jetzt Frauen, Kinder, Arbeiter - Resultat einer massenhaften Alphabetisierung. Insbesondere das Leseverhalten selbst änderte sich. Das Publikum befriedigte seine neue Lust auf Gedrucktes an unterschiedlichen Orten: in Lesegesellschaften und in Leihbibliotheken, beides Ergebnisse der Aktivitäten von ambitionierten Vereinen, die in Städten und Gemeinden kleinere Büchereien und Lesezirkel gegründet hatten oder aber sozialdemokratische und gewerkschaftliche Arbeiterbüchereien. Die Kommunen selbst hielten sich dabei zunächst weitgehend zurück. Das stetig wachsende Lesepublikum war anfangs auf die Leihbibliotheken ortsansässiger Buchhändler und Verleger angewiesen, die allerdings unter strenger Aufsicht der preußischen Behörden standen. Zumindest in der Theorie. Reaktionäre Zensoren verteufelten solche Leihbibliotheken gern schon mal als *moralische Giftbuden. Schund, Kolportage und politisches Pamphlet* standen auf dem Index. Ob aber die von den Besitzern solcher Leihbibliotheken verpflichtet einzureichenden, oftmals dickleibigen Kataloge, Bücherlisten und Buchexemplare vom städtischen Personal überhaupt einigermaßen sorgfältig zu überprüfen waren, erscheint eher ungewiss. Jedenfalls war die Zensur kein einfaches *Geschäft*.

1872 wurde in Barmen eine ziemlich umfangreiche Bibliothek des kommunalen Verwaltungsbüros ganz offiziell der öffentlichen Nutzung zugänglich gemacht und ausdrücklich zur städtischen Bibliothek erklärt. Im benachbarten Elberfeld dauerte es allerdings noch bis 1902, als auch dort Oberbürgermeister Wilhelm Funck eine solche Volksbücherei mit feierlichem Festakt eröffnen konnte, ohne dabei allerdings auf Zuwendungen durch den neu gegründeten Stadtbücherei-Verein oder auf gelegentliche Spenden betuchter Elberfelder Bürger verzichten zu können.

Die Etablierung kommunaler Bibliotheken war jetzt ganz im Interesse der Obrigkeit und folgte dabei einem höchst anspruchsvollen und trickreichen sozialpolitischem Kalkül: Sie sollten zum einen ganz allgemein die wirtschaftliche Leistungsfähigkeit des einfachen Volkes verbessern helfen, zum anderen die Verbrechensrate senken, der grassierenden Trunksucht begegnen und darüber hinaus noch der gefürchteten Sozialdemokratie entgegenwirken. Lesen kontra Radikalenphobie. Dieses Konzept funktionierte nur bedingt. Da die neuen Gemeinde- und Vereinsbibliotheken im Bergischen Land nämlich nur ein sehr überschaubares Lesepublikum erreichten, drängte in den 1890er Jahren die Preußische Regierung verstärkt auch in den kleineren Kommunen darauf, nun doch endlich auch solche Volksbibliotheken einzurichten, was allerdings nicht immer auf Gegenliebe bei den betroffenen Bürgern stieß. In Ronsdorf etwa musste der zuständige Landrat 1893 reichlich sanften Druck ausüben, bis die sperrige Gemeinde 1899 schließlich Vollzug meldete. Das Ergebnis: Die neue Bücherei startete mit gerade einmal 353 Bänden und einem betreuenden Lehrer im Nebenamt.

Friedrich Adolph Wilhelm Diesterweg, Zeichnung Adolf Neumann 1865

Prekäre Pauker. Adolph Diesterweg und die Professionalisierung der Lehrerausbildung

Irgendwann sind auch die längsten Ferien zu Ende und die Schule fängt wieder an. Die einen wird es freuen, die meisten aber wohl ärgern. Das liegt nicht selten am handelnden Personal, also auch an den Lehrern. Diese fristeten noch im frühen 19. Jahrhundert ein eher kümmerliches Dasein. Aber dann kam Adolph Diesterweg. Diesterweg? War das nicht der einst bekannte Schulbuchverlag mit leider auch völkischer Vergangenheit, aber mit den obligatorischen Geschichtsbüchern für nahezu alle Schulklassen? Für Wuppertaler besonders interessant: Der Verlagsgründer Moritz Diesterweg selbst war der Sohn eines ziemlich berühmten Pädagogen und Sozialreformers des 19. Jahrhunderts, der auch im Tal deutliche Spuren hinterlassen hat: Adolph Diesterweg, der *Pionier* der Lehrerausbildung in Deutschland. Er stammte ursprünglich aus Siegen und erwarb sich von 1818 bis 1820 als Lateinlehrer in Elberfeld erste Meriten. Dieser Adolph Diesterweg war ein liberaler Vertreter der bürgerlichen Intelligenz seiner Zeit, mit durchaus klarem Blick für die sozialen Verwerfungen im Zuge des aufsteigenden Kapitalismus, dessen Folgen er hautnah im *deutschen Manchester* an der Wupper erlebte.

Seine Themen waren die Schule im Allgemeinen und das dort tätige Personal im Besonderen: die seinerzeit noch höchst bedauernswerten, schlecht angesehenen und noch viel schlechter bezahlten Lehrer - oder alle, die sich dafürhielten. Im frühen 19. Jahrhundert war die allgemeine Schulpflicht noch neu und insbesondere die Volksschule geradezu ein Stiefkind humanistischer Bildungsideale, eher ein zutiefst trauriger und dunkler Ort, wo dilettierende, zumeist schwach oder autodidaktisch gebildete Lehrkörper nicht selten mit roher Gewalt (pauken gleich schlagen) der allgemeinen Schulpflicht Geltung verschaffen sollten - und dabei in der Regel scheiterten. Das Personal war nämlich nicht nur miserabel ausgebildet und mit den herrschenden Verhältnissen im Schatten der Kinderarbeit hoffnungslos überfordert, es stand schlichtweg auf verlorenem Posten inmitten von oftmals todmüden Kindern nach sechszehnstündigem Arbeitstag in der Fabrik und Klassenstärken von nicht selten über hundert Schüler:innen. Hilflos zwischen notorischen Schulverweigerern und gelegentlich auch handgreiflichen Eltern aus prekären Verhältnissen, die ihre Kinder lieber in der Lohnarbeit als auf der Schulbank sahen, um das Überleben der Familie zu sichern. Vor allem Volksschullehrer waren selbst miserabel bezahlte Randfiguren der bürgerlichen Gesellschaft mit wenig Sozialprestige.

Diesterweg erkannte schon bald den Zusammenhang aus ökonomischer Zwangslage und pädagogischem Defizit und gründete 1820 im nahen Moers ein Lehrerseminar, um den Lehrernachwuchs wenigstens mit einem Minimum an methodisch didaktischen Kenntnissen auszustatten. Er war damit als Anhänger der Lehre Pestalozzis ein echter pädagogischer Pionier, ausgestattet mit sozialem Gewissen und politischen Ambitionen, der sich jedoch in der Illusion verlief, den sozialen Verwerfungen des Frühkapitalismus durch *Erziehung und Volksbildung* begegnen zu können. Gemeinsam mit anderen Lehrern gründete er 1844 den *Centralverein für das Wohl der arbeitenden Klassen*, der als eine elitäre

Pioniereinrichtung der bürgerlichen Sozialreform im Kampf gegen die Massenarmut gelten kann, angetreten mit dem Ziel, eine soziale Revolution zu verhindern. Diesterweg hat letztlich der Professionalisierung des Lehrerberufes mit seinen Seminaren und zahlreichen Veröffentlichungen den Weg bereitet und ein Stück Bildungsgeschichte im 19. Jahrhundert geschrieben. Die reaktionäre politische Wende nach 1848/49 erlebte er dann nicht mehr im Schuldienst: Der liberale und religionskritische Pädagoge wurde entlassen. 1866 starb er an der Cholera.

Johann Peter Hasenclever, Der erste Schultag, Öl auf Leinwand 1852

„Sich gleich Goethes Prinzessin zu freuen, wenn kluge Männer reden." Höhere Töchterschulen im 19. Jahrhundert

Die Bildung im 19. Jahrhundert wandelte sich in dem Maße vom Standes- zum Klassenprivileg, wie sich die moderne Industriegesellschaft entwickelte. Das Schul- und Bildungssystem schrieb aber darüber hinaus auch die gesellschaftlich erwarteten Geschlechterrollen in einer von Männern dominierten Welt fest. Wurde etwa die schulische Karriere der Söhne aus gutbürgerlichen Familien von den Eltern noch mit höchster Aufmerksamkeit verfolgt, so war der Bildungsgang der höheren Töchter dagegen gänzlich anders konzipiert. Viele Mädchen saßen nach der Erfüllung ihrer Schulpflicht, also nach dem 14. Lebensjahr, ziellos im Elternhaus oder als Haustochter in den Familien gleichen Standes herum. Lohnarbeit war weithin verpönt und galt als nicht standesgemäß. Die Anstellung von eigenen Privatlehrer:innen dürfte aber nur wenigen Familien möglich gewesen sein, und die Mütter waren aufgrund der ihnen selbst zuteilgewordenen Bildung kaum in der Lage, ihre Töchter auf höherem Niveau zu unterrichten. Trotzdem wurde für die aufstrebenden Kaufleute und Gewerbetreibenden eine höhere Bildung ihrer Ehefrauen oder Töchter nicht zuletzt aus ökonomischen Gründen durchaus interessant. Das Risiko, dass Töchter unverheiratet blieben, suchten insbesondere Beamten-, Lehrer- und Pfarrerfamilien dadurch zu verringern, dass sie ihre Kinder mit einer grundlegenden Bildung für den Fall der Fälle ausstatteten, um ihnen später eine Anstellung etwa als Lehrerin zu ermöglichen. Disziplin, Ordnung und Übersicht über die finanzielle Situation des Haushaltes waren für die zukünftige Ehefrau eines Beamten ohne eigenen Besitz geradezu unentbehrliche Eigenschaften.

Im Wuppertal des 19. Jahrhunderts war man auch in dieser Hinsicht der allgemeinen Entwicklung voraus. 1817 gründete der Ronsdorfer Lehrer Lieth in Elberfeld eine höhere Töchterschule für 15 Mädchen. 1830 zählte seine Schule 62 Schülerinnen, eine verschwindende Minderheit in der immerhin rund 30.000 Einwohner zählenden Stadt. Lieths Schule sprach aber offenbar das wohlhabende Patriziat der Stadt an, sodass es bald Konkurrenz gab, etwa durch die Schule der Witwe Beckmann, die sich verstärkt auf breitere bürgerliche Schichten konzentrierte und dementsprechenden Zulauf hatte. 1836 versammelte sie immerhin 127 Schülerinnen und unterrichtete diese in den Elementarfächern Lesen, Schreiben und Rechnen, sowie in Religion und in weiblichen Handarbeiten. 1845 übernahm dann die Stadt Lieths Schule, nachdem eine Gruppe von betuchten Bürgern eine Ausfallgarantie für deren Unterhalt angekündigt hatte. Die städtische Schule setzte sich das Ziel, „*Mädchen zu frommer, edler Gesinnung und gebildetem Geiste*“ zu erziehen und entsprach damit den sich verfestigenden gesellschaftlichen Rollenerwartungen gegenüber Frauen. Trotz des hohen Schulgeldes stieg die Zahl der Schülerinnen stetig. Im Rat der Stadt wurde 1851 schließlich mit knapper Mehrheit die Auffassung vertreten, dass damit wohl eine Reprivatisierung der Schule angezeigt sei, da diese sich künftig vermutlich selber trage. Damit war höhere Mädchen- und Frauenbildung wieder reine Privatangelegenheit all derjenigen, die es sich leisten konnten. Der Lehrerberuf hingegen blieb weitgehend eine männliche Domäne, wenngleich er grundsätzlich auch Frauen offenstand. Diese wurden im Unterricht von ihren Schüler:innen mit *Fräulein* angesprochen, da sie aufgrund des sogenannten Lehrerinnenzölibates nicht heiraten durften. Das Eheverbot für Lehrerinnen wurde erst 1919 aufgehoben.

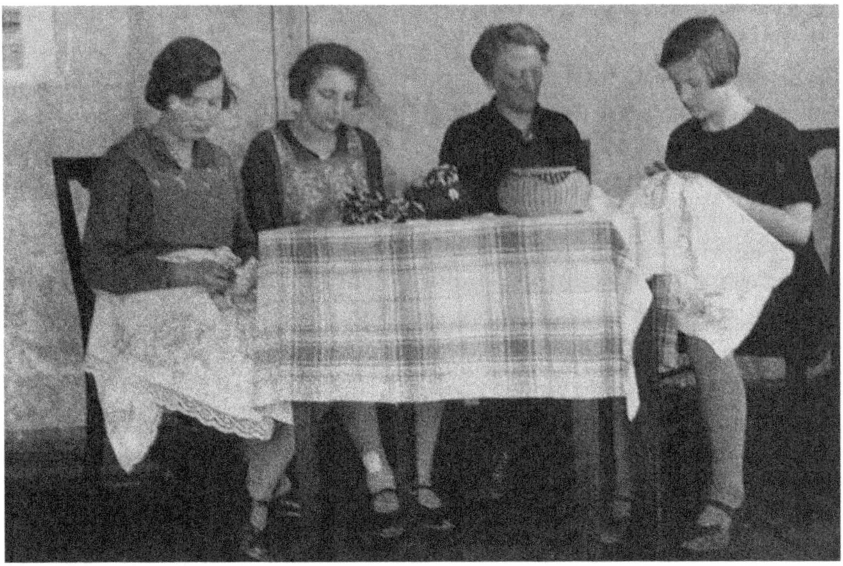

Unterrichtsfach „weibliches Handarbeiten"

Gleichzeitig waren Mädchen in der Schule des Kaiserreiches gleich mehrfach benachteiligt: Gymnasien blieben reine Jungenschulen, der erfolgreiche Abschluss einer höheren Mädchenschule bis 1908 aber war praktisch wertlos, da Frauen im Reich bis dahin vom Studium ausgeschlossen blieben. Der

Rektor einer privaten Höheren Töchterschule im Bergischen brachte die grundlegenden Erziehungsideale seiner Anstalt auch unmissverständlich auf den Punkt: „*Unser Ziel ist eine einfache harmonische Entwicklung durch Unterricht und Erziehung, welche die Mädchen befähigt, später in Haus und Familie mit offenen frischen Sinnen und klarem Blicke, frohen Mutes thätig zu sein, ein gutes Buch mit Verständnis zu lesen, das Schöne in Natur und Kunst recht zu schauen und zu würdigen und sich, gleich Goethes Prinzessin zu freuen, wenn kluge Männer reden, daß sie verstehen kann, wie sie es meinen: eine Hüterin echter Sitte, eine deutsche Hausfrau, eine gute Mutter zu werden.*“

Friedrich Engels und die Volkshochschule: Salford, Manchester, Wuppertal

Hall of Science, Salford/Manchester1840

Im englischen Salford, dem ehemaligen Sitz des Textitlunternehmens Ermen und Engels, gründeten in den 1830er Jahren die Anhänger des damals populären Sozialreformers und Frühsozialisten Robert Owen eine der ersten Einrichtungen zur *geistigen Bildung der Arbeiterschaft*. Die Stadt, ein unmittelbarer Nachbar der industriellen Mega-Boomtown Manchester, galt als ein Ort der krassesten sozialen Ungleichheit. Ähnlich wie in Manchester prallten hier auf urbanem Raum Arm und Reich scharf aufeinander, ohne sich dabei wirklich zu begegnen. Der *Baumwollkapitalismus* von Salford war geprägt durch exponentielles Wachstum, schwindelerregenden Reichtum von Fabrikanten und Bankiers, grassierender Armut der zumeist irischen Proletarier und ökologischer Verwüstung. Den erschreckten bürgerlichen Beobachtern und sogar internationalen Sozialtouristen galten diese *Shock-Cities* mit ihren irritierenden Slums, rauhen Sitten und physisch erfahrbaren Umweltschäden im Nordwesten Englands geradezu als urbane Ablagerung eines völlig ungebremsten Kapitalismus, wenn nicht als die räumlichen Symbole des Schreckens einer neuen Zeit. Der renommierte Urbanisierungshistoriker Lewis Mumford nannte sie schlichtweg *Höllenstadt.*

Dort in Salford und Manchester lernte Friedrich Engels die Schattenseiten des Industriekapitalismus hautnah kennen, als er sich im Auftrag des Vaters dort um die Belange der Firma Ermen & Engels zu kümmern hatte. Hier hat der Unternehmersohn zwei Jahrzehnte lang gelebt, gearbeitet und die Lage der Arbeiter kennen- und analysieren gelernt. Und einen seiner ersten öffentlichen Aufrufe richtete er an das Arbeiterpublikum in der Hall of Science in Manchester. Diese *owenitische* Einrichtung, gern auch als frühe *Volkshochschule* bezeichnet, zog 1840 von Salford nach Manchester um und schrieb dort Erfolgsgeschichte. Sie erreichte etwa an Sonntagabenden regelmäßig bis zu 3.000 Arbeiter bei Bildungsveranstaltungen und geselligen Treffs. Tendenz steigend. Und einer ihrer Besucher war der junge Friedrich Engels, der tagsüber die Geschäfte des Familienunternehmens regelte, aber nach Feierabend die Gesellschaft von Arbeiter:innen der seiner Standesgenossen deutlich vorzog und beeindruckt war von den vielseitigen Bildungsformaten, mit denen diese *Volkshochschule* die Proletarier nicht nur magisch anzog, sondern auch bei der Stange hielt. Vorträge, Experimente und Geselligkeit wechselten einander ab und eröffneten dem Publikum auf attraktive Weise eine Welt der Poesie, der Naturwissenschaften und der politischen Ökonomie. Das war für viele absolutes Neuland, und Engels war begeistert. 1842 entstand eines seiner epochalen und richtungsweisenden Werke: Die empirische Analyse über *die Lage der arbeitenden Klasse in England*. Gewonnen aus eigener Anschauung, inspiriert durch eine *Volkshochschule*.

Bildung für alle als Schule der Demokratie. 100 Jahre Volkshochschule(n) im Wuppertal

Die kurze Episode einer Demokratie in Deutschland, die den tragischen Stempel der Weimarer Republik trug, dauerte gerade einmal dreizehn Jahre, bevor sie schließlich an ihren eigenen Widersprüchen, Überforderungen, inneren Feinden und an dem Umstand scheiterte, dass ihr am Ende die Demokraten fehlten. Zu den großen sozialpolitischen und kulturellen Errungenschaften der jungen Republik zählte im Juni 1919 das mit großem Pathos verkündete Versprechen einer *Bildung für alle*. In einer wahren Gründungswelle entstanden überall im Lande sogenannte Volkshochschulen als *Schulen der Demokratie*. Bildung sollte künftig nicht mehr bloßes Standesprivileg, sondern der Schlüssel zu neuen Lebenschancen in einer demokratisch verfassten Republik sein. Im Wuppertal entstanden gleich vier solcher populären Bildungseinrichtungen: in Elberfeld, Ronsdorf, Cronenberg und in Vohwinkel. In Barmen und Elberfeld schrieben sie zu Weimarer Zeiten denn auch Erfolgsgeschichte, machten kostengünstige Kursangebote für 30 Pf. und erreichten damit viele Menschen, vor allem Arbeiter:innen und Angestellte und damit eine Zielgruppe, die bis dato fern aller Bildungsprivilegien stand. Und besonders wichtig in den Zeiten der scheinbar nicht endenden Wirtschaftskrise: Für Arbeitslose waren die VHS-Kurse kostenlos. Sollte der Traum einer *Bildung für alle*, die die Klassenschranken überschreiten würde, jetzt Wirklichkeit werden? Es kam anders.

Die neue Elberfelder Volkshochschule startete am 4. Juni 1919 mit 10 Kursen, die jeweils als mehrteilige Vortragsreihe konzipiert waren, inhaltlich aber nur wenig thematische Bindung zu demokratisch politischen Bildungsinhalten erkennen ließen. Es dominierten naturwissenschaftliche Themen. Immerhin referierten aber die Gewerkschaftssekretäre Sauerbrey und Thomas an drei Abenden zum Thema *Deutsche Gewerkschaften*. SPD und USPD äußerten schnell das Interesse der Arbeiterparteien an dieser neuen Institution. Die folgende Debatte um die Ausrichtung der Volkshochschule drehte sich nicht zuletzt um die Kontroverse Räte-System oder Parlamentarismus. Die von der USPD proklamierte sozialistische Volkshochschule jedoch blieb pures Wunschdenken.

Am Ende der 20er Jahre wurden die VHSen mit Gründung der Stadt Wuppertal 1929 zusammengefasst und gerieten schon wenig später in den Sog der dramatischen Wirtschaftskrise und unter enormen Einsparungsdruck. Ökonomische Zwänge verbanden sich in der Spätphase der Republik mit einem latenten Trend zur ideologischen Selbstgleichschaltung. VHS-Programme waren jetzt gleichsam die Seismografen des nationalistischen Zeitgeistes in der Krise und spiegelten das geistige Klima eines aufkommenden Faschismus. Unter ihrem Dach ergriffen finstere Kollaborateure der Nazis vorausschauend die Initiative und bereiteten ihre spätere Karriere vor. Mit der Machtübertragung wurde diese Bildungseinrichtung mit den großen demokratischen Zielen dann auch recht zügig abgewickelt, das heißt, im NS-Sinne im *Bildungswerk der Deutschen Arbeitsfront* gleichgeschaltet. Widerstand zwecklos.

Die Gründungsgeschichte der Wuppertaler Volkshochschule zeigt also, wie schnell eine demokratische Institution, die sich scheinbar in der Erfolgsspur befand, von ihren Feinden überrannt werden konnte. Ihre Geschichte erinnert damit an den Umstand, dass Demokratie keine Selbstverständlichkeit ist, sondern stets aufs Neue erkämpft werden muss. Ein Zukunftsauftrag für alle und insbesondere für die Volkshochschulen selbst.

Elberfeld 1855, Lithografie Wilhelm Riefstahl

Das Wuppertaler Geldinstitut war 1822 eine der ersten Sparkassen-Gründungen in Preußen und die älteste in der gesamten Rheinprovinz, entstanden aus der finanziellen Schieflage des damaligen örtlichen Pfandhauses, um die Stadtkasse des 25.000 Einwohner zählenden Elberfelds zu sanieren. Private Banken gab es dort schon seit dem 18. Jahrhundert (von der Heydt, Kersten & Söhne, Wichelhaus). Dummerweise war die Stadt aber Anfang des 19. Jahrhunderts beim kirchlichen Armenfonds beträchtlich verschuldet und hatte folglich erhöhten Finanzbedarf. Das brachte die örtlichen Honoratioren auf die zündende Idee, eine kommunale Sparkasse zu gründen, die anfangs neben dem persönlich agierenden Bürgermeister und ein paar Ehrenamtlern gerade mal einen festen Angestellten aufweisen konnte. Der Zinssatz für die Spargroschen der Dienstboten, Angestellten und manchmal auch Lehrlinge lag damals bei satten 4%. Am ersten Tag der Gründung klingelten bereits 1.100 Taler in der Kasse, nach dem ersten Jahr geradezu atemberaubende 33.000 Taler. Damit hatte das neue kommunale Geldinstitut einen seinerzeit beachtlichen Überschuss erwirtschaftet. Aber wohin damit? Anlageobjekte gesucht. Und schließlich gefunden: Die Elberfelder Sparkasse kaufte preußische Staatsschuldscheine bei der Herstatt-Bank zu 75% auf. Ein durchaus geschickter Schachzug, der aber dennoch nicht davon ablenken konnte, dass das Pionier-Projekt Sparkasse zunächst keine Erfolgsgeschichte schrieb. Die Rendite lag nämlich bei kümmerlichen 0,5%. Der Erfolg ließ also auf sich warten und stellte sich erst allmählich ein, auch und gerade zum Wohle der Stadt. Diese hat die Sparkasse in den Folgejahren nämlich immer dann in Anspruch genommen, wenn sie selbst in Liquiditätsnöten war, also nicht selten. Die Stadt stand damals im zweifelhaften Ruf, eher großzügig mit ihren steuersäumigen Großbürgern umzugehen. Kein Wunder, saßen diese doch selbst im Rat der Stadt und bedienten sich ab und an kompensatorisch bei der Sparkasse. Ein trickreiches Konzept, was gelegentlich zu Ermahnungen seitens der Bezirksregierung in Düsseldorf führte, ansonsten aber reibungslos funktionierte. Und die kleinen Leute? Aus Sicht der preußischen Obrigkeit schien es im frühen 19. Jahrhundert geboten, sich etwas einfallen zu lassen gegen den revolutionären Sprengstoff der prekären sozialen Verhältnisse der *handarbeitenden Klassen*. Ob diese als Sparer aber nennenswert in Erscheinung getreten sind, mag getrost bezweifelt werden, wenn jeder verdiente Silbergroschen überlebenswichtig war. Den Rest absorbierten „*Trunksucht*, *Spiel und Ausschweifungen*“ - so sahen es jedenfalls die irritierten bürgerlichen Sozialreformer der Zeit. „*Sinn für Sparsamkeit*“ zu wecken, diese sozial disziplinierende Strategie sollte später vor allem der aufkommenden Sozialdemokratie den Boden entziehen. So dachten sich das zumindest die Propagandisten des *Volkssparens* gegen Ende des Jahrhunderts, als sie vor allem in den Schulklassen intensiv dafür warben: *Sparen als Tugend*.

Gemeindefinanzen und leere Kassen. Zur Geschichte eines kommunalpolitischen Dauerbrenners

Johannes von Miquel

Die Diskussion um die Finanznöte der Städte ist – historisch betrachtet - ein kommunalpolitischer Dauerbrenner: Bestens analysiert, oft beklagt und nie befriedigend gelöst. Das war schon zu Kaisers Zeiten so. Haupteinnahmequelle der Städte im deutschen Kaiserreich war zunächst die staatliche Einkommensteuer, zu der sie je nach eigenem Ermessen Zuschläge erheben konnten. In schlechten Zeiten machten besonders klamme Kommunen mit bis zu 300% geradezu exzessiv davon Gebrauch. In Elberfeld und Barmen lagen diese Zuschläge vor dem Ersten Weltkrieg zwischen 200 und 230%. Hinzu kamen sogenannte *Realsteuern* wie Gewerbe-, Grund- und Gebäudesteuern, die die Städte nach dem *Kommunalabgabengesetz* von 1893 selbständig ausgestalten durften. Der für diese grundlegende Reform zuständige nationalliberale, preußische Finanzminister Johannes Miquel war zuvor jahrelang Oberbürgermeister in Osnabrück und Frankfurt am Main und wusste deshalb aus Erfahrung, wo bei den Städten „*der Schuh drückte*". Zumindest soweit diese eher wohlhabend waren. Forderungen nach einem Finanzausgleich zwischen armen und reichen Städten wurden nämlich bereits im Kaiserreich immer wieder gestellt. Einen kommunalen Lastenausgleich zugunsten der *armen*, jedoch kostenintensiven Industriestädte hatte aber auch der ehemalige Oberbürgermeister nicht auf dem Plan. Immerhin waren künftig die Zuständigkeiten von Staat und Kommunen erstmal geklärt. Und das war dringend nötig im Zuge des rapiden Städtewachstums der kapitalistischen Industriegesellschaft. Zwischen dem Ende der 1860er Jahre und 1911 versechsfachten sich die Pro-Kopf-Ausgaben der deutschen Großstädte. Boomtowns wie etwa Barmen und Elberfeld finanzierten die gegen Ende des 19. Jahrhunderts entstehende städtische Infrastrukturstruktur weitgehend über Anleihen. Und die Verschuldung schritt munter voran. 1887/88 erhielten zunächst Elberfeld, dann Barmen die ersten kommunalen Elektrizitätswerke in ganz Preußen. Kredite dienten auch zum Bau von Straßen und Schulen, von Schlacht- oder Viehhöfen, Krankenhäusern oder Kultureinrichtungen. Liberale Schuldenwirtschaft war also die Grundlage der Entstehung einer gemeinwohlorientierten kommunalen Daseinsvorsorge. Die Schulden der Städte stiegen dabei schneller als die der deutschen Einzelstaaten insgesamt. 1914 standen die deutschen Städte mit rund 7,5 Mrd. höher in der Kreide als das Deutsche Reich mit etwa 5 Mrd. Mark. Die Pro-Kopf-Verschuldung in Barmen etwa lag 1907 mit 358 Mark deutlich höher als zum Beispiel in Duisburg, aber niedriger als in

Düsseldorf. Seit 1900 wurden die Finanznöte der Städte dann als öffentliches Thema zu einem echten Dauerbrenner. Die Zeitgenossen sahen die Schuldenwirtschaft zwar kritisch, aber auch als alterativlos zur Entfaltung der kommunalen Leistungsverwaltung und weniger als Ausdruck unsolider Finanzwirtschaft. Dies entsprach dem zukunfts- und nicht selten gemeinwohlorientierten Selbstverständnis zahlreicher Akteure. Erst als die militärische Aufrüstung im Vorfeld des Ersten Weltkriegs rund 80% des Gesamthaushaltes verschlang und den Staat dann zur verstärkten Kreditaufnahme ermunterte, wurde den Kommunen eigenständiges Agieren an den jetzt engen Finanzmärkten strikt untersagt.

Kommunale Selbstverwaltung und Bürgerbeteiligung. Ein (Aus) Blick in die Geschichte

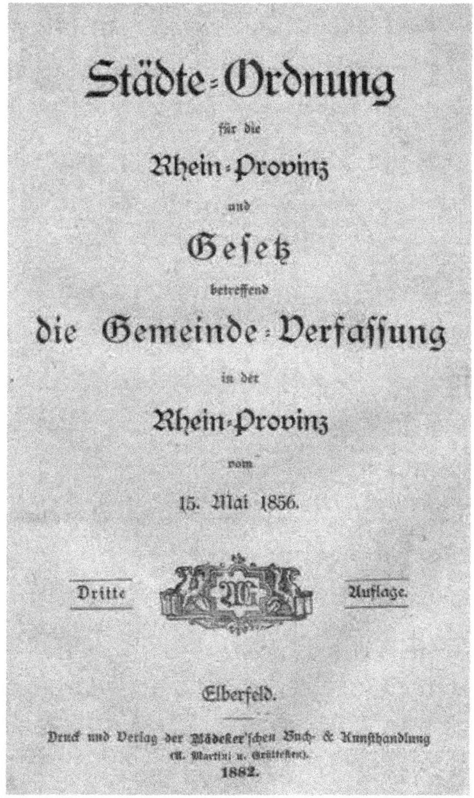

Städte-Ordnung
für die
Rhein-Provinz
und
Gesetz
betreffend
die Gemeinde-Verfassung
in der
Rhein-Provinz
vom
15. Mai 1856.

Dritte Auflage.

Elberfeld.
Druck und Verlag der Bädeker'schen Buch- & Kunsthandlung
(A. Martini u. Grüttefien).
1882.

Die Geschichte des Begriffes lässt sich bis zu den *Preußischen Reformen* des Freiherrn von Stein zu Beginn des 19. Jahrhunderts zurückverfolgen, als die moderne und heute gleichsam selbstverständliche Form kommunaler Selbstverwaltung der bürgerlichen Gesellschaft grundgelegt wurde. Die damals neuen Städteordnungen waren ein Instrument, die Bürger unmittelbar in die Verwaltung mit einzubeziehen und den gescheiterten, autoritären preußischen Beamtenstaat neu aufzubauen. Die Bürger sollten mitarbeiten am Gemeinwohl. Sie wurden sozusagen *eingemeindet,* um den Gesamtstaat vor dem Untergang zu retten. Im Laufe des 19. Jahrhunderts wurde in den stetig wachsenden Städten Barmen und Elberfeld die kommunale Selbstverwaltung zur Domäne von bürgerlichen Honoratioren und betuchten Meistbegüterten, während die *arbeitenden Klassen* qua Wahlrecht *drau-*

ßen blieben. Gewählt wurde nach Klassen, Steuerkraft und Grundbesitz. 1898 wählten in Elberfeld gerade einmal 1,97% der Steuerzahler in der ersten Klasse, 7% in der zweiten und über 91% in der dritten Wahlklasse. Viele Arbeiter hatten aber überhaupt kein Wahlrecht, weil ihr Verdienst so niedrig war, dass sie gar keine Steuern zahlten. Folglich saß bis 1911 kein einziger Sozialdemokrat in den Stadträten von Barmen und Elberfeld. Nach der Städteordnung von 1856 wählte der Stadtrat den jeweiligen Oberbürgermeister. Von den 7 Elberfelder Oberbürgermeistern zwischen 1814 und 1929 zum Beispiel stammten 5 aus Kaufmanns- und Unternehmerfamilien oder aus den Kreisen des Militärs. Einer setzte die Bürgermeisterkarriere seines Vaters fort: Kommunale Selbstverwaltung als exklusives Standesprivileg.

In der Weimarer Reichsverfassung von 1919 wurden dann das allgemeine und gleiche Wahlrecht - jetzt endlich aktiv wie passiv auch für Frauen - und die kommunale Selbstverwaltung verfassungsrechtlich festgeschrieben, bevor sie von den Nazis de Facto wieder abgeschafft wurde. In der ersten demokratisch gewählten Gemeindevertretung von Elberfeld hatten die bürgerlichen Parteien einschließlich der nationalistischen Kräfte eine knappe Mehrheit gegenüber den Vertretern der Arbeiterparteien. Interessant dabei: Das Weimarer System sah sowohl auf gesamtstaatlicher als auch auf kommunaler Ebene direktdemokratische Elemente vor, die in manchen Ländern plebiszitäre Gemeindebegehren bis hin zur Möglichkeit der vollständigen Abberufung der Gemeindevertretung beinhalteten. Die Deutsche Gemeindeordnung vom 30. Januar 1935 machte dann Schluss mit einem zentralen Prinzip der bürgerlichen Gesellschaft: Die kommunale Selbstverwaltung endete vorläufig in der Gleichschaltung durch die Nationalsozialisten. Nachkriegszeit: 1957 hatte der aus dem Bergischen stammende Philosoph Jürgen Habermas „*Unruhe zur ersten Bürgerpflicht*" erklärt. Gemeint war eine Beteiligung jenseits der überkommenen, repräsentativen Parteiendemokratie: Der Beginn einer Diskussion um die *Bürgerbeteiligung*. Politisches Bürgerengagement sollte künftig auf mehr Transparenz und direkte Formen der demokratischen Mitwirkung oder Mitentscheidung setzen, ohne dabei die Prinzipien der repräsentativen Demokratie grundsätzlich infrage zu stellen. Soweit die Theorie. Die aktuelle Diskussion kreist aber nicht zuletzt um die Frage, ob diese neuen Formen der Partizipation, jenseits der traditionellen Formen des Wählens und des Engagements in Parteien, das System nicht insgesamt auf den exklusiven Typus einer Demokratie der gut ausgebildeten Mittelschichten zusteuern lässt und damit die *Politikverdrossenheit* der sozial- und damit bildungsbenachteiligten Milieus weiter verstärkt. Bleibt die offene Frage, wie man diesem Trend erfolgreich gegensteuern kann.

4. Menschen & Milieus

Schodenheinrich, der Ausbrecherkönig
Räuber, Staat und Exekutive im frühen 19. Jahrhundert

Räuberbanden, heute würde man sie als Sonderformen des organisierten Verbrechens bezeichnen, hatten an der Wende vom 18. zum 19. Jahrhundert hohe Konjunktur. Das galt insbesondere auch für das Rheinland und Bergische Land, und dies hatte mehrere Gründe, etwa die französische Besetzung der Region, die eine neue staatliche Ordnung auf allen Ebenen schuf, während sich die alte erst allmählich auflöste. So entstand eine rechtliche, politische und ökonomische Situation des Umbruchs, der Unsicherheiten und sozialen Verwerfungen. Historische Bruchstellen von Modernisierungsprozessen riefen stets auch Tabu- und Rechtsbrecher auf den Plan, wenn die staatliche

Theodor Hildebrandt, Der Räuber, 1829

und rechtliche Ordnung brüchig und eine Strafverfolgung von Gesetzesverstößen aufgrund von Kleinstaaterei schwierig war. Damals zählten 314 zum Teil mikroskopisch kleine, aber selbständige Territorien zum Deutschen Reich, das es realiter gar nicht gab: Ein Eldorado für Grenzgänger und Rechtsbrecher, *Vaganten, Gauner und Halunken.* Diese Zeit prägte zugleich die Erzählungen über vermeintliche Helden des Typus *Robin Hood* und damit auch zahlreiche Mythen und Legenden vom *edlen Räuber,* die der näheren Betrachtung allerdings selten Stand halten. Einer ihrer bekanntesten trug den eher unspektakulären Namen Johannes Bueckler und war doch viel besser bekannt als der *Schinderhannes*, dessen Schicksal später den Stoff für unzähligen Filme und Romane abgab. Oder ein gewisser Mathias Weber, gefürchtet als der *Fetzer*, der mit seiner *Crefelder und Neusser Bande* um die Jahrhundewende auch im Bergischen Land unterwegs war. Solche *Gangs* zählten in sozialgeschichtlicher Betrachtung zum hochmobilen Teil der verarmten Unterschichten schon in der frühen Neuzeit, die als Vaganten, das heißt als reisende Handwerksgesellen, ambulante Kleinhändler, Bettler, Gaukler oder Deserteure in einer keineswegs nur sesshaften Gesellschaft dann unterwegs waren, wenn man seinen Platz in deren Gefüge verloren hatte. Die umherstreifenden Besitzlosen machten je nach Jahreszeit oder Brotpreis zwischen 10 und 20% der Bevölkerung aus. Aus Motiven der Armut entstanden organisierte Räuberbanden, die insbesondere in Zeiten wirtschaftlicher Krisen auftraten. Sie tasteten das private Eigentum, die Grundlage bürgerlicher und bäuerlicher Existenz, an und hielten damit zugleich die Obrigkeit in Atem.

Eine kurze Stippvisite in Elberfeld gab in dieser Zeit ein gewisser Johann Heinrich Vogt, der später als *Schodenheinrich* eine beträchtliche überregionale Berühmtheit als Verbrecher und noch viel mehr als *Ausbrecherkönig* erlangen sollte. Vogt war an der Wende zum 19. Jahrhundert Mitglied einer landesweit operierenden und von den Wohlhabenden gefürchteten Gruppe, die es als so genannte *Wetteraubande* zu einigem Ruhm gebracht hat. Geboren wurde er 1778 in einer Gemeinde im Nordhessischen, jener Armutsregion also, die für die Zuwanderung ins Wuppertal von hoher Bedeutung war. Ansonsten ist über seine Herkunft wenig bekannt, außer dass vermutet wird, sein Vater sei einst ein reicher, später aber verarmter Bauer gewesen. Das Armutsmotiv klingt plausibel als Grund für die Auswanderung des Sohnes ins aufstrebende, textilindustrielle Elberfeld, das seinen enormen Bevölkerungszuwachs insbesondere der Binnenmigration aus dem Waldeckschen und aus Nordhessen verdankte. Dort in Elberfeld begann er mit 15 Jahren zunächst eine Lehre als Schmied, die er aber nach zwei Jahren abbrach, um sein Geld künftig als Tagelöhner und Knecht zu verdienen. Aus dieser kümmerlichen Existenz wollte er schnellstens ausbrechen. Und so entwickelte er sich zum typischen Vertreter der kleinen Delinquenz und der *Widersetzlichkeiten*, indem er zahlreiche Diebstahlsdelikte begann. Ein erstes Mal in Arrest kam er in Frankfurt, wo er zwischen 1803 und 1805 wiederholt zugeschlagen hatte und schließlich an den Pranger gestellt wurde. Im gleichen Jahr 1805 traf ihn dann in Marburg eine drakonische Strafe für wiederholten Diebstahl: lebenslang in Eisen in der Strafanstalt Ziegenhain. Doch davon ließ sich der ehemalige Elberfelder Schmied kaum beeindrucken, denn mit Eisen und Schlössern kannte er sich offenbar aus. Er brach aus dem Gefängnis aus. Dieses Procedere behielt er bei und entwickelte sich zum notorischen Ausbrecherkönig: insgesamt viermal mal gefangengenommen, gelang ihm dreimal postwendend die Flucht aus dem Gefängnis. 1820 wird der *Schodenheinrich*, wie ihn das Publikum nannte, dann begnadigt. Vogt wandert aus, und seine Spur verliert sich schließlich in *Westindien*. Allmählich reagiert der Staat, hier die französischen Behörden, auf die Herausforderung des Bandenwesens durch eine Modernisierung seiner Exekutiv- und Sicherheitsapparate mit neuem Passwesen, mehr Gefängnissen und der Gendarmerie als Kern einer modernen Polizei, die später zusammen mit dem Militär in Preußen das historische Profil eines insgesamt autoritären Staates prägen sollte.

„Bringt keine Pietistenseele in die Hölle“. Friedrich Engels über Kinderarbeit

„(...) in Elberfeld allein werden von 2.500 schulpflichtigen Kindern 1.200 dem Unterricht entzogen und wachsen in den Fabriken auf, bloß damit der Fabrikherr nicht einem Erwachsenen, dessen Stelle sie vertreten, das Doppelte des Lohnes zu geben nötig hat, das er einem Kinde gibt. Die reichen Fabrikanten aber haben ein weites Gewissen, und ein Kind mehr oder weniger verkommen zu lassen, bringt keine Pietistenseele in die Hölle, besonders wenn sie alle Sonntage zweimal in die Kirche geht.“

So bissig schrieb der knapp 20jährige Friedrich Engels 1839 in seinen *Briefen aus dem Wupperthale*. Am 28. November 1820 wurde er in Barmen geboren. Die Welt feiert seinen 200. Geburtstag und wirft einen Blick in die Vergangenheit und die Gegenwart, gelegentlich auch in die Welt der Kinder von heute, soweit diese nicht das Glück haben, auf deren Sonnenseite zu leben. Die UNICEF zählt aktuell rund 73 Millionen Kinderarbeiter, die unter Arbeitsbedingungen leiden, die als gefährlich oder ausbeuterisch gelten, sei es in den Goldminen von Burkina Faso, auf Plantagen an der Elfenbeinküste oder in der Textilindustrie von Bangladesch. Die Hälfte von ihnen ist unter 12 Jahre alt. Wegwerf-Mode-Discounter lassen dort gern produzieren und haben gleichsam die Rolle der Fabrikanten von einst im Tal übernommen.

Damit sind wir bei den historischen Vorbildern, wie sie Engels beschrieb. Kinderarbeit zählt zu den finstersten Kapiteln einer Gesellschaftsgeschichte des Kapitalismus im Deutschland des 19. Jahrhunderts, besonders drastisch überliefert aus den frühindustriellen Wachstumsmetropolen des Bergischen Landes wie Barmen und Elberfeld. Mit niedrigen Pfennigbeträgen entlohnt, entwickelte sie sich hier zum gleichsam prägenden Produktionsfaktor. Die Erfahrungswelt der Kinder aus städtischen Unterschichten war regelmäßig durch Mangel oder Not geprägt. Gearbeitet wurde täglich und dies bis an die Grenzen der Leistungsfähigkeit: in der Fabrik, im Heimgewerbe, in der Manufaktur, in der Landwirtschaft, ohne dadurch wirklich materielle Sicherheit für die Familie zu gewinnen.

Von den Lebensverhältnissen proletarischer Kinder an der Wupper existiert ein ebenso klares wie bedrückendes Bild. Während bürgerliche Beobachter der Zeit noch den enormen wirtschaftlichen Aufschwung der Region in geradezu euphorischen Reiseberichten feierten, redeten Pädagogen wie der Pionier der Lehrerbildung, Friedrich Adolph Wilhelm Diesterweg, Klartext über das bedrückende soziale Leben im frühen 19.Jahrhundert. Für die Kinder aus proletarischen Milieus war es nicht selten bereits im Alter von 5 Jahren mit der Kindheit vorbei, wenn sie etwa in der Heimindustrie ans Spulrad gesetzt wurden und „*in diesen Fabriken um den Frühling ihres Lebens gebracht werden. (…) Ich sehe hier nur allgemeinen Jammer und schleichendes Elend neben einigen scheinbar Glücklichen, welche sich durch das Blut der Armen, durch die Arbeit der Kinder bereichern.*“

Johann Peter Hasenclever, Öl auf Leinwand 1837

„(…) *Vater verdiente sehr wenig, und Mutter musste in Tagelohn gehen, waschen und schrubben, und bald wurde uns Bruder Wilhelm geboren. Die Not war groß, und es wurde davon gesprochen, wenn ich 12 Jahre alt wäre, wollte Mutter zu dem Pastor gehen und bitten, dass ich einen halben Tag aus der Schule käme, ich mithelfen, verdienen. (…) Wir waren alle unterernährt, und ich erinnere mich, dass meine Schulkameraden immer sagten, ich hätte die Schwindsucht.*" Noch drastischere Worte fand 1846 ein Düsseldorfer Schulrat für den Abendunterricht in einer Elberfelder Schule: die Präsenzpflicht der Kinder, die bis dahin bereits einen 14-Stundentag hinter sich hatten, nannte er schlichtweg *Folter*.

In der Perspektive der Kinder wurde die Schule neben dem Elternhaus zu der Sozialisationsinstanz schlechthin, mit prägenden Lern- und Sozialerfahrungen oder Schlüsselerlebnissen. Mehr noch: mit der Schulzeit setzte für proletarische Kinder die Kindheit überhaupt erst ein. Sie beendete den Lebensabschnitt früher Erwerbsarbeit und führte heraus aus dem häuslichen Stumpfsinn ärmlicher Verhältnisse. So konnte der Schulbesuch, wenn er denn stattfand, geradezu ein befreiendes Erlebnis sein. Hätte es Friedrich Engels verwundert, dass die Kinder in den Textilfabriken von Bangladesch 200 Jahre später ein ähnliches Schicksal erdulden, um Billigprodukte herzustellen?

Vom Eigensinn der kleinen Leute. Hermann Enters und die mühselige Lebenswelt im 19. Jahrhundert

Ende der 1950er Jahre prägte der amerikanische Ethnologe Oskar Lewis am Beispiel von Selbstzeugnissen mexikanischer Familien den Begriff von der *Kultur der Armut*. Ihn interessierte damals insbesondere die Frage, warum sich die Menschen in den Schwellenländern der Dritten Welt so schwer taten mit der Organisation ihrer ureigenen Interessen und selten ihre Lebensverhältnisse durch solidarische Aktionen verändern wollten oder konnten. Noch einmal 100 Jahre früher lassen sich auch im frühindustriellen Wuppertal Merkmale einer spezifischen Kultur der Armut erkennen, die der sozialen und politischen Organisation prekär lebender Menschen entgegenstanden. Ein beredtes Beispiel dafür sind die Lebenserinnerungen eines gewissen Hermann Enters, Amerika-Auswanderer aus Barmen. Sein schonungsloser Bericht, der als eine der seltenen Quellen frühindustrieller Erfahrungsgeschichte gilt, entstand in Form eines rückblickenden Briefes aus den USA an seine Verwandten in der alten Heimat. Sein Vater, ein Heimweber, der in den 40er Jahren des 19. Jahrhunderts ständig am Rande des Existenzminimums lebte, führte ein isoliertes, ein im wahren Wortsinne eigensinniges Leben. Sein einziger Bezugspunkt war die Familie:

Familie Enters, Foto nach 1865

Arbeitseinheit und Lebensmittelpunkt zugleich. Hier trotzte er der erzwungenen Hoffnungslosigkeit, die er durch ziemlich irrational erscheinende Alltagsgewohnheiten kompensierte. Der Mann, der trotz bedrückender Not auf Vogeljagd ging und ansonsten seine kümmerlichen Blumenbeete pflegte, lehnte die Hilfsangebote der *Pottkieker*, wie er die örtlichen Armenpfleger nannte, ab. Nur die Anpassungsfähigkeit seiner Frau brachte die Familie einigermaßen über die Runden. In der Revolution von 1848/49 verdiente sich Vater Enters sein Auskommen, als er für besorgte Fabrikherren Wache schob. Als dann in den 60er Jahren des 19. Jahrhunderts mit Ferdinand Lassalle ein Popstar der frühen Arbeiterbewegung im Tal auftauchte, geriet auch der alte Enters in dessen Bann. Jetzt werden auch für ihn die Belange der Arbeiterschaft und ihre Emanzipation ein Thema. Wie lässt sich das erklären? Der alltägliche Erfahrungshorizont etwa der Wuppertaler Heimweber in ihren traditionellen Arbeitsformen war beschränkt, ihr Aktionsradius begrenzt, auch dort, wo sie später mit anderen ein Lohnarbeiterschicksals teilten und so vom *Pauper* (= Armen) zum *Proleten* wurden.

„*Der Durchbruch der neuen politischen Ökonomie des freien Marktes war zugleich der Zusammenbruch der alten, sittlichen Ökonomie der Fürsorge.*" Der englische Historiker Edward P. Thompson nannte dies die *moral economy of the poor* (= die sittliche Ökonomie der Armen). Gemeint war damit ein volkstümlicher Konsens darüber, was auf dem Markt, in der Mühle, in der Backstube oder anderswo gerecht oder ungerecht sei. Dieser Konsens wiederum folgte einer in sich geschlossenen, traditionsbestimmten Auffassung von moralischen Verpflichtungen und von den angemessenen wirtschaftlichen Funktionen der Menschen innerhalb eines Gemeinwesens. Eine grobe Verletzung dieser moralischen Grundannahmen und tatsächliche Not waren dann häufig Anlass zu gewaltsamen Aktionen der Selbsthilfe. Noch in der Phase des Industriekapitalismus wirkte diese Kultur der Armut lange nach. Die Armgebliebenen bewahrten sich dabei zwar ihren Eigensinn, der sie aber von der entstehenden, selbstbewussten und organisierten Industriearbeiterschaft isolierte. „*Die Eltern waren zu arm und rückständig*", so schrieb Sohn Hermann Enters rückblickend. „*Manches wäre besser gewesen, allein Vater mangelte Energie und Courage. Wenn es schlecht ging, unter aller Kanone, dann machte er eine Faust in der Tasche …*"

„Brandweinpest“ und Elendsalkoholismus im 19. Jahrhundert

In den 1830er Jahren sprachen bürgerliche Sozialreformer aufgeregt von einer neuen Volksseuche, die sie wortgewaltig als *Branntweinpest* brandmarkten. Mit der forcierten kapitalistischen Industrialisierung im Wuppertal wurden nämlich auch die Klagen über die Auswirkungen des reichlichen Alkoholkonsums des Proletariats lauter. Entsprechende Erzählungen des besorgten Bürgertums lesen sich ausgesprochen dramatisch. Das Wort vom *Elendsalkoholismus* machte die Runde.

Armuth, Lithografie 1843

Für Friedrich Engels, den Fabrikanten-Sohn aus Barmen, der in den 1840er Jahren im Familienbetrieb Ermen & Engels in Salford bei Manchester die Geschäfte führte und die *Lage* der arbeitenden Klasse in *England* untersuchte, war die Sache eindeutig: Er sah einen direkten Zusammenhang zwischen kapitalistischer Industrialisierung und Alkoholmissbrauch. Nur mit Hilfe *geistiger Getränke* könnten die Arbeiter ihre elende soziale Lage und unmenschlichen Arbeitsbedingungen vermeintlich erträglicher gestalten. Sie rutschten damit aber unvermeidlich in die Abhängigkeit und weitere Verelendung. In seiner noch heute berühmten, 1845 verfassten Sozialstudie, ließ Engels keinen Zweifel an den zwangsläufigen Folgen des Kapitalismus, denen die Arbeiter schutzlos ausgeliefert waren. Und was Engels für Manchester und das Mutterland des Kapitalismus beschrieb, hatte auch für das deutsche Manchester an der Wupper seine Gültigkeit. Auch wenn die moderne historische Sozialforschung inzwischen ein etwas differenzierteres Bild des Alkoholkonsums im 19. Jahrhundert hervorgebracht hat, ist Engels Analyse und die Ursachenforschung der Trunksucht noch heute eine überaus wichtige historische Quelle. Für die Lage im Wuppertal war insbesondere der Umstand von Bedeutung, dass die Arbeitgeber selbst im damals verbreiteten Trucksystem, dem sogenannten Warenzahlen, die abhängig Beschäftigten mit billigem Alkohol entlohnten und damit ihren Beitrag zur Trunksucht leisteten. Den Rest erledigte der allgemein sinkende Preis für Alkoholprodukte. 1839 schrieb Engels in seinen *Briefen aus dem Wupperthale*: *„Alle Kneipen sind, besonders Sonnabend und Sonntag, überfüllt, und abends um* *elf Uhr, wenn sie geschlossen werden, entströmen ihnen die Betrunkenen und schlafen ihren Rausch meistens im Chausseegraben aus.*"

Historisch ist der drastisch steigende Alkoholkonsum im 19. Jahrhundert bestens belegt. Lag in Preußen um 1800 der Pro-Kopf-Verbrauch von Branntwein pro Jahr noch bei 2 bis 3 Litern, so verdoppelte er sich in den folgenden zwei Jahrzehnten. Mitte der 1830er Jahre konsumierten 13 Mio. Preußen sage und schreibe 250 Mio. Liter an hochprozentigem Branntwein. Die Gegenbewegung ließ nicht lange auf sich warten. Sozialreformer der Zeit stellten neben der sozialen Frage jetzt auch die Alkoholfrage und diskutierten deren Auswirkungen, vor allem auf die Arbeitsmoral. Aus den anglo-amerikanischen Städten gelangte die sogenannte *Mäßigungsbewegung* bald auch ins Wuppertal. 1843 gründeten sich sowohl in Barmen als auch in Elberfeld Enthaltsamkeitsvereine, welche der „*im hiesigen Stadtgebiet zu Tage tretenden physischen und moralischen Verkommenheit*", der Brandweinpest, den Kampf ansagten. Obwohl die Barmer Variante schon drei Jahre später bereits 1.900 Mitglieder zählte und damit die größte im gesamten Rheinland war, standen solch bürgerliche Moralanstalten weitgehend auf verlorenen Posten. In den 1840er Jahren, die von Historikern als die *Hungry Forties* bezeichnet wurden, lag in Preußen der Schnapskonsum über acht Liter Schnaps pro Kopf und Jahr - gemessen in reinem Alkohol. Tendenz steigend.

Wie das Bürgertum versuchte, die „soziale Frage“ zu lösen. Das Allgemeine Armeninstitut zu Elberfeld 1800 - 1818

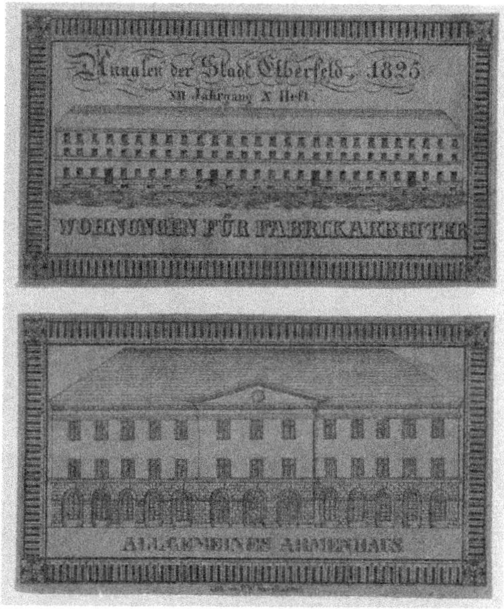

Armenhaus Elberfeld, Peter Wilhelm Kreeft, Lithografie 1825

Das *Bergische Magazin* war die kurze Episode einer Zeitschrift, die sich bereits am Ende des 18. Jahrhunderts – also deutlich vor dem großen frühindustriellen Boom in den aufstrebenden Gewerbezentren Barmen und Elberfeld - auch mit sozialen Problemen befasste. Völlig irritiert fragten damals die Autoren des Blattes, wie es denn nur sein könne, dass dort, wo eigentlich der bürgerliche Reichtum regierte und die Manufakturen wie Pilze aus dem Boden schossen, das Elend und die Armut der Arbeiter so groß sein könne. Tatsächlich: Dort wo die alten ständischen Sicherungssysteme nicht griffen, war im letzten Jahrzehnt des 18. Jahrhunderts die Lage der Lohnbleicher, Weber, Färber und anderer abhängig beschäftigter Arbeiter durchweg prekär. Mitte der 90er Jahre zogen die als Bettler anerkannten Menschen samstags angeführt von einem sogenannten Bettelvogt durch die Straßen. 1780 hatte Elberfeld unter seinen 8.695 Einwohnern einer Anzahl von mehreren hundert Armen. Das Bürgertum fühlte sich durch die zunehmende Bettelei in seinen Werten ernsthaft bedroht, sorgte sich um die abverlangte Disziplin der Arbeiter und Tagelöhner: In der Straßenbettelei sah man *„die Pflanzschule der Müßiggänger und der Verbrechen aller Art“*. Und nicht zuletzt fürchteten die aufstrebenden Kaufleute und Verleger auch um den guten Ruf ihrer Städte. Auf der einen Seite merkantiler Wohlstand, der sich in reichen Bürgerhäusern ausdrückte, auf der anderen Seite die zahlreichen Menschen, die buchstäblich in Sack und Asche gingen: arm, krank und zerlumpt. Die Debatte im *Bergischen Magazin* kreiste 1788 also um die Frage, ob man die Armen in Arbeitshäusern zusammenziehen solle, um sie gezielt zur Arbeit anzuhalten oder nicht. Diskutiert wurde also die Tauglichkeit der klassischen Mittel aus Zucht und Zwang und weniger die nach den Ursachen dieser neuen Qualität von Armut, nach der Höhe der Löhne und den zyklischen Handelskrisen. Das war typisch für diese protoindustrielle Phase der kapitalistischen Entwicklung. Abhilfe versprach man sich Jahre später vom 1800 auf Initiative des Bürgermeisters Johann Jakob Aders gegründeten *Allgemeinen* Armeninstitut nach Hamburger Vorbild. Der Elberfelder Unterschied: Es war eine rein städtische Einrichtung, die Kirchen beteiligten sich nicht. Mit Fragebögen wurde peinlich genau die Bedürftigkeit der Armen in den Quartieren erfasst und danach entschieden, wer Unterstützung in Form von Sach- oder Geldmitteln sowie medizinische Hilfe erhalten konnte. Und dieses Institut vollzog einen Paradigmenwechsel in der Diskussion: Künftig setzte man nämlich auf die Wirkung der Erziehung zum Gewerbefleiß und deren vermeintliche moralische Effekte. Der englische Historiker Edward P. Thompson stellte rückblickend fest, dass das Bürgertum die eigenen Ansprüche - immer eindringlicher auch im Ton - auf die arbeitende Bevölkerung zu übertragen und zu erzwingen suchte. Die Wortwahl konnte dabei drastisch sein, wenn etwa Johann Jakob Aders die Bettler als *Ungeziefer* denunzierte. Anfang des 19. Jahrhunderts versorgte dann das Armeninstitut bereits 10% der Bevölkerung. Es finanzierte sich durch Spenden und städtische Zuschüsse. Als die Spendenbereitschaft der Elberfelder Bürger deutlich nachließ und die finanzielle Lage sich damit immer weiter verschärfe, wurde das Institut 1818 schließlich geschlossen. Die *soziale Frage* blieb nicht nur ungelöst, sie verschärfte sich.

„Es hieße seinen eigenen Blödsinn zu dokumentieren." Gesellenvereine, populäre Kultur und Bildung im 19. Jahrhundert

Adolf Kolping

Schon im Jahre 1848 hatte der Staat eine Ursache der gescheiterten demokratischen Revolution in der schädlichen *Afterbildung* des gemeinen Volkes gesehen, wie es Preußens Friedrich Wilhelm IV im Januar 1849 bei einer Konferenz von eingeschüchterten Seminardirektoren in Berlin verkündete. Zuviel Bildung schade dem Untertanengeist und schüre den Aufruhr. Das hatte seine Gründe. In den Jahren um 1848 habe sich keine gesellschaftliche Gruppe so intensiv und konkret um Bildungsfragen gekümmert wie die deutschen Arbeiter, stellte einmal die bekannte Sozialhistorikerin Frolinde Balser fest. Der Beginn einer Verbreitung und Popularisierung von Kultur und Bildung vollzog sich dabei vor allem auf Vereinsebene und damit am Staat vorbei. Ganz im Gegensatz zu den besonders in den rheinischen Städten verbreiteten Vereinen der Arbeiterverbrüderung um den Berliner Buchdrucker Stephan Born, also den frühen Organisationsformen der Arbeiterschaft, fielen allerdings die Gesellenvereine des

Handwerks nicht unter das Verbot für politische Vereine von 1854, das ansonsten in allen Ländern des Deutschen Bundes galt. Die obrigkeitsstaatliche Duldung der schon bald heftig expandierenden katholischen Gesellenvereine aber war erst durch deren vollständige Politik-Abstinenz möglich geworden, die gern mit markigen Worten öffentlichkeitswirksam zur Schau gestellt wurde. Handwerksgesellen – so Adolph Kolping, selbst ein ehemaliger Schuhmacher- eigneten sich nun mal partout nicht für Politik. „*Diese (politischen) Kenntnisse ihm zumuten zu wollen, hieße seinen eigenen Blödsinn zu dokumentieren, sie ihm beibringen zu wollen, nicht minder.*" So drastisch formulierte es der Mann, der schon als junger Kaplan 1843 in Elberfeld einen kleinen, von Gregor Breuer, dem Leiter der örtlichen Mädchenschule gegründeten Gesellenverein kennengelernt und diesen später im gesamten katholischen Deutschland überaus populär gemacht hatte. Andersherum wurde eher eine Schuh daraus; denn vielmehr schienen diese Vereine doch bestens geeignet, die Gesellen von politischen Vereinen geradezu fernzuhalten: In obrigkeitlicher Perspektive natürlich ein höchst willkommener Aspekt der Entpolitisierung des Handwerks. Hauptinhalt der Bildungsarbeit dort war denn auch „*die moralische Hebung des Gesellenstandes und die Festigung im katholischen Glauben.*" Das waren klare Bildungsziele ganz im Sinne einer antisozialistischen Prophylaxe.

In der Zeit des Kaiserreiches entstanden in zahlreichen Orten des Bergischen Landes und auch im Wuppertal so genannte *Bildungsvereine* für das Volk, die schon Friedrich Harkort zur *Überwindung* der Hindernisse der Zivilisation der unteren *Volksklassen* - wenn auch erfolglos- ins Gespräch gebracht hatte. Bedeutsam war der 1885 gegründete *Bergische Verein für Gemeinwohl*, der sich über die Belange sozialer Fürsorge hinaus auch um die Einrichtung von Volksbibliotheken in den größeren Städten kümmerte. *Volkschöre* wie der Cäcilienchor in Bergisch Gladbach, der ausschließlich arbeitenden Mädchen aus Fabriken vorbehalten war oder Volksymphoniekonzerte wie in Barmen und Elberfeld zielten darauf, das Kulturverhalten der lokalen bürgerlichen Eliten zu popularisieren. Kultur und Bildung sollten in der Gesellschaft künftig an Breite gewinnen und blieben dennoch vor allem Privatsache: städtische Behörden hielten sich aus dem örtlichen Kulturleben weitgehend heraus. 1866 wurde der *Barmer Kunstverein* gegründet, der sich in der dortigen Ruhmeshalle eine eigene Galerie unter professioneller Führung leistete und in oftmals opulenten Ausstellungen Beispiele zeitgenössischer moderner Kunst präsentierte, um damit gelegentlich auch heftige öffentliche Diskussionen auszulösen in einer ansonsten eher durch religiöse Konflikte geprägten Stadt. Und selbst in den kleineren Städten des Bergischen Landes, wie in Langenberg entstanden - wenngleich weniger üppige, so doch typische - Bürgerhäuser für Kultur, mit Gemäldegalerie oder Konzertsaal als Stiftung. Mit anderen Worten: Das lokale Bürgertum inszenierte sich im öffentlichen Raum an zentralen Orten qua Kultur und Bildung selbst.

„Reformhaus Jungbrunnen und die Kohlrabijünger"
Lebensreform und Alternativbewegung um 1900

Karl Wilhelm Diefenbach, 1914

Reformhaus Jungbrunnen. Ob er es sich wohl hätte träumen lassen, dass aus seiner Wortkreation einmal ein eingetragenes Markenzeichen für den Handel mit naturbelassenen Lebensmitteln werden sollte? Karl August Heynen hieß der Mann, der exakt im Jahr 1900 in Barmen sein damals innovatives Geschäft eröffnete, dem er schon in kürzester Zeit weitere lukrative Filialen in Kassel, Mönchengladbach, Magdeburg, Würzburg, Nürnberg, Freiburg und sogar in Straßburg folgen lassen sollte. Die verkauften -wie das Barmer Kerngeschäft- alles, was man damals für Körper und Seele gesund hielt: pflanzliche Fette, Traubensäfte, Trockenfrüchte, Vollkornbrot und Öle für die Körperpflege. Reformhäuser wurden in den folgenden Jahrzehnten zum Markenzeichen und schrieben Erfolgsgeschichte. 1925 war ihre Zahl bereits auf rund 200 Geschäfte gestiegen, die sich schon bald in der *neuform* eine genossenschaftliche Organisationsstruktur gaben. Der Gründungsboom hielt auch während der NS-Zeit an, so dass es 1939 über 2.000 Reformhäuser in Deutschland gab.

Heynens Geschäftsidee aber hatte einen Entstehungszusammenhang in der damals verbreiteten Lebensreformbewegung. Die Idee einer Kommerzialisierung gesunder Lebenshaltung entsprang dieser breiten ideologischen Gegenbewegung zum Prozess von Industrialisierung, Urbanisierung und Modernisierungseuphorie mit den bekannten sozialen, ökologischen und psychischen Folgen. In der Lebensreformbewegung seit dem Ende des 19. Jahrhunderts trafen sich Naturheilbewegte, Vegetarier, Antialkoholiker, Naturisten, Nudisten, Wandervögel, Kleidungsreformer, bürgerliche Aussteiger aller Couleur, aber auch Esoteriker, Völkische und Antisemiten. Das Spektrum ihrer Anhängerschaft war ebenso vielfältig wie widersprüchlich. Hier versammelten sich Menschen, die der echten oder eingebildeten spirituellen Leere und dem Materialismus einer Zeit mit ihren krassen Gegensätzen von Modernisierung und sozialer Verwerfung etwas Sinnerfülltes entgegensetzen wollten. Die sinnstiftenden Defizite einer Auflösung der alten ständischen Ordnung in der Klassen- und Massengesellschaft anonymer Großstädte (um 1900 lebte ein Viertel der Deutschen in der Stadt) sollten durch individuelle Reform- und Suchbewegungen kompensiert werden. Zu ihren Protagonisten, die nicht selten als *Kohlrabijünger* verspottet wurden, zählten auch bürgerliche Intellektuelle wie der Maler Karl Wilhelm Diefenbach, Hermann Hesse oder Franz Kafka. Im gleichen Jahr, als Heynen in Barmen sein Reformhaus *erfand*, gründete eine illustre Gruppe aus Anarchisten, Vegetariern, Pazifisten, Nudisten und Zivilisationsflüchtenden auf dem Monte Veritá bei Ascona im Schweizer Kanton Tessin eine Aussteigerkommune als Gegenwelt zum wilhelminischen Obrigkeitsstaat. Die Gruppe versammelte sich hinter dem Wahlspruch *Zurück zur Natur* und irritierte das interessierte Publikum durch lange Bärte, bewusste Verzichts- und demonstrative Freikörperkultur. 1926 wurde der Monte Veritá dann von dem Elberfelder Bankier, Kunstmäzen und späteren NSDAP-Mitglied Eduard von der Heydt gekauft, der dort ein Hotel errichten ließ.

„*Die Glückseligkeit unseres Daseins kann nur in der Beziehung zur Natur bestehen*", behauptete 1912 der Schriftsteller Andreas von Wagner in der Zeitschrift *Die Schönheit*. Orte dieser Beziehungsstiftung sollten danach auch die neuen Reformhäuser sein, mit ihren Angeboten von einheimischem und unbehandeltem Obst und Gemüse. Die Philosophie der Bewegung insgesamt setzte dabei auf einen Prozess der Selbstoptimierung: Erst das Ich und dann vielleicht die Welt zu verbessern. Das war anschlussfähig für alle möglichen politischen Strömungen. Sozialdemokratische und andere linke Gruppierungen verfolgten solidarisch gesellschaftsverändernde Projekte, während vor allem antisemitische und germanophile Protagonisten völkische Siedlungsprojekte entwickelten, wie das *Heimland* des antisemitischen Journalisten Theodor Fritsch oder die Artamanenbewegung von Bruno Tanzmann, die bis 1929 rund 300 Bauerngüter erwarb und dort Formen des einfachen *Lebens in freiwilliger Armut* praktizierte. Das Zurück zur Natur - Motiv ließ sich leicht in ein völkisches *Zurück zur deutschen Natur* verengen und vom NS im Handumdrehen gleichschalten. Insgesamt also gegensätzliche Varianten von Großstadt- und Zivilisationskritik und

Ausdruck eines neuen Bedürfnisses nach alternativen Lebensformen. Das Stammhaus der Reformhäuser in Barmen selbst aber hatte keine Zukunft: Es wurde 1943 bei einem Bombenangriff zerstört. Karl August Heynen und seine Frau kamen dabei ums Leben. Ganz anders die Idee der Reformhäuser, die noch heute als erfolgreiche Multiplikatoren gesunder Lebensstile gelten.

Nach der Pandemie: Die „wilden Zwanziger“ Mythos und Wirklichkeit einer Geschichtserzählung

Nicholas Christakis, ein amerikanischer Arzt und Soziologe von der Yale-Universität prophezeite kürzlich eine Neuauflage der goldenen 1920er Jahre nach der Corona-Pandemie mit rauschenden Champagner-Partys wie in Scott Fitzgeralds berühmten Roman *Der große Gatsby*. Die wilden Zwanziger Jahre - Mythos oder Realität? So viel ist sicher: Sie folgten einem für die Bevölkerung traumatischen Jahrzehnt der Schrecken des ersten industrialisierten Weltkriegs, der anschließenden Revolutionskämpfe und -von vielen vergessen oder verdrängt- einer verlustreichen globalen Pandemie, die als „*Spanische Grippe*“ 1918/20 in die Geschichte einging. Weltweit forderte sie mit rund 50 Mio. Toten mehr Opfer als der gesamte Erste Weltkrieg. Heute wird die These diskutiert, ob die goldenen Zwanziger als Reflex auf die vergangenen Leiden dieser Zeit, also auch der Pandemie, zu verstehen sind, als Ergebnis kollektiver Kompensation im Bestreben, Versäumtes nachzuholen, wie in den postpandemischen Wunschträumen von morgen.

Es war tatsächlich eine Zeit, in der Leben und Arbeit, aber auch gesellschaftliche Werte sich rasant veränderten, in der mentale

Verfassungen einer neuen Massenkultur den Weg bahnten. Die Entwicklung moderner Kommunikationssysteme, neuer Konsumansprüche und -möglichkeiten und einer Kultur, die neue Körperlichkeit und frische Luft fürs Hirn versprach. Kulturelle Avantgarde-Projekte wurden zum symbolträchtigen Ausdruck bürgerlicher und proletarischer Modernität und bedienten sich ausführlich neuer Erscheinungsformen für den breiten Publikumsgeschmack: frisch, frech, fröhlich, visionär, manchmal exzessiv und auch etwas verrucht. So genossen die Menschen im urbanen Alltag der großen Städte -auch abseits der glamourösen Metropole Berlin- neuen Wohlstand und neue Möglichkeiten – sofern sie sich das leisten konnten. Auch in den industriellen Pionierstädten des Wuppertals. Eine breite Kinolandschaft etwa bediente dort die neue Sucht nach bewegten Bildern: Zahlreiche Barmer Ladenkinos, das Union-Theater an der Herzogstraße mit über 1.000 Sitzplätzen, das Monopol-Theater, das Thalia in Elberfeld, das Odin in Barmen oder das Salamander am Kipdorf, wo traditionell jeweils ein Film das Abendprogramm beendete. Sozusagen als Rausschmeißer, was ein randalierender Joseph Goebbels samt Kumpane dem Vernehmen nach handgreiflich zu spüren bekamen, als sie dort heftige Prügel bezogen haben sollen. Und so ein Kino-Abend war in der Regel lang: bis zu vier Stunden dauerte oftmals die Mischung aus Stummfilmen, Wochenschau, Reklame, Musikeinlagen und gelegentlich sogar Artistik. Die Werbung begann mit Pappmaschee bereits auf der Straße, lockte das Publikum an die Kasse und in Filme mit Lilian Harvey, Willy Birgel und erst recht in die Tonfilme mit Willy Fritsch und Lil Dagover. *Kintopp* und Radio zogen auch im Wuppertal die Menschen in ihren Bann, als ab 1927 der Langenberger Sender auf Mittelwelle ein Massenpublikum erreichte. Ebenso wie der lokale Breiten- und Spitzensport, der seit 1924 im Stadion am Zoo mit seiner spektakulären Radrennbahn einen herausragenden Standort gefunden hatte.

Klassisches Kulturleben organisierte sich im Tal eher auf Vereinsebene wie in Barmen die *Literarische* und die *Musikalische Gesellschaft* oder ein *Verein für wissenschaftliche Vorlesungen*. Auch der dortige *Hausfrauenbund* machte in Kultur, die allerdings wenig damit zu tun hatte, was die legendär frivolen Bananentänze einer Josephine Baker in Berlin oder die Glamour-Auftritte einer Marlene Dietrich zu bieten hatten. Damit war Wuppertal zwar kein Beispiel urbaner Avantgarde, aber Thalia-Theater, Freie Volksbühne und andere erreichten durchaus ein breites Publikum. Und mit Stippvisiten von Theaterstars wie dem späteren Erfolgsregisseur Max Ophüls am Stadttheater wurde sogar das überregionale Feuilleton aufmerksam.

Doch war dies alles *„wie eine Fassade, hinter der die unerfreuliche Wirklichkeit verborgen blieb“*. So formulierte es einmal der britische Kulturhistoriker Peter Gay. Der wachsende innere Wohlstand der Republik, gepaart mit dem Ausdruck exzessiver Lebensfreude und einem Hang zu kultureller Innovation hatten etwas bizarr Maskenhaftes; denn die völkischen Feinde der Demokratie standen längst entschlossen in Formation. Der finstere, deutschnationale Medienmogul Alfred Hugenberg kontrollierte die Massenmedien, mit deren Hilfe der fragile demokratische Grundkonsens in der Gesellschaft aufgeweicht wurde, während aufstrebende Nazis erfolgreich Anschluss an die funktionalen Eliten in Politik, Bürokratie, Militär und Industrie fanden. Es war insgesamt eine Zeit, in der ein staatlich garantiertes Leben in Sicherheit für die Menschen noch fern jeder Realität war. Am Ende der Charleston-Ära der Weimarer Republik stieg die Zahl der Arbeitslosen im Tal dann auf 37.000 Menschen. Und das war noch längst nicht das Ende.

Salamander Theater

Babylon Wuppertal

Rathaus Barmen, Werbebroschüre undatiert

Kürzlich versammelte eine Fernsehserie ein zahlreiches Publikum vor den Geräten. Das lag neben der Qualität der Romanvorlage *Der nasse Fisch* des Wipperfürther Erfolgsautors Volker Kutscher nicht zuletzt auch an einem der beteiligten Regisseure, dem kongenialen Tom Tykwer aus Wuppertal. Ein Stoff, der auffällig einen aktuellen Nerv der heutigen Zeit trifft. *Babylon Berlin.* Im Zentrum steht dabei neben den spannenden Kriminalfällen um den Kommissar Gereon Rath die kulturelle und politische Entwicklung der Weimarer Republik und ihrer schillernden Metropole: Berlin hatte in allen Bereichen der Hochkultur Paris als Zentrum der Moderne abgelöst.
Aber wie sah es damals in Wuppertal aus, am Ende der gar nicht so goldenen Zwanziger Jahre, als sich die von Beginn an fragile Demokratie in der Abwärtsspirale befand und einer protofaschistischen Struktur den Weg bereitete, und nur noch wenige Monate von der Machtübertragung an den Nationalsozialismus entfernt? Einerseits pflegte die bürgerliche Gesellschaft auch in der 1929

frisch fusionierten Großstadt Wuppertal den kulturellen Hype einer urbanen Erlebnisgesellschaft mit ihren neuen Möglichkeiten: Theater, Varietés, Konzerte und gepflegter Konsum auf den Flaniermeilen einer polyzentrischen bergischen Metropole im Wartestand: Etwa im *Hotel Restaurant Salamander* mit Varieté und Kinematograph. Am Kippdorf, Rotlichtmilieu in Reichweite. Oder im gelegentlich skandalumwitterten Thalia Theater, das 1929 großzügig umgebaut, künftig sein Publikum mit einer Mischung aus Varieté, Kino und spektakulären Tierdressuren lockte. Und gelegentlich mit dem Glamour großer Filmstars wie Lil Dagover. Eine Boomtown also seit der Mitte des zurückliegenden Jahrhunderts, in der sich ein wenig abgeschaute Varianten weltläufiger Modernität und bürgerlicher Selbstinszenierung, veritabler Reichtum und grassierende Armut hautnah begegneten. Modernisierung hieß auch hier: wachsende städtische Infrastruktur, moderne Kommunikationssysteme, neue Massenmedien und populäre Massenkulturen, Konsumansprüche und ein urbanes Lebensgefühl, das bis weit in die Arbeiterklasse ausstrahlte.

Die Schattenseiten der Entwicklung bildeten sich insbesondere in den Quartieren und Vierteln ab. Die Arbeitslosenquote in der sich Bahn brechenden wirtschaftlichen Depression lag Ende 1930 bei fast 37.000 Menschen. Im Tal baute sich dabei eine explosive Mischung aus Ängsten vor und realen Erfahrungen mit sozialem Abstieg und politischer Desorientierung auf. Die Stimmung der vermeintlich goldenen Zwanziger kippte. Das zeigte sich oft im Kleinen. So erteilten etwa die örtlichen Volkshochschulen einem ihrer Publikumsmagneten, dem radikalpazifistischen Kosmopoliten und späteren Reiseunternehmers Rudolf Tigges, ein Auftrittsverbot. Er störte offenbar den völkischen Zeitgeist. Anderer Schauplatz. 1932 kommt es zu ausländerfeindlichen Publikumskampagnen im Barmer Opernhaus gegen die geplante Besetzung der Hauptrolle in der *Salome* von Richard Strauss mit Jovita Fuentes von der Insel Java.

Auf der Straße herrscht die Gewalt. Faschistische Schlägerbanden der SA, die im Tal eine westdeutsche Hochburg hatte, suchten den öffentlichen Raum zu beherrschen, überfielen zu Beginn der 30er Jahre immer wieder Versammlungen der Arbeiterbewegung, deren Organisationen zur Gegenwehr aufriefen. Es gab Verletzte, es gab Tote: Terror auf der Straße. Auch die in der aktuellen TV-Serie angesprochene Unterwanderung der Polizei von rechts lässt sich in Wuppertal nachweisen. Unterhalb der republiktreuen Führungsebenen gab es auch dort etliche Beamte, die schon früh dem NS zuneigten, wie etwa ein Referent ausgerechnet für politische Versammlungen, der schon seit 1923 heimlich Mitglied der NSDAP gewesen war. Der *Preußenschlag* genannte Putsch gegen die dortige sozialdemokratische Regierung durch Kanzler Franz von Papen im Juli 1932 verschiebt dann die Nähe der Polizei weiter nach rechts. Die Dämme brechen.

Babylon Wuppertal. Das verbindende Merkmal der Zeit zu heute könnte in der Normalisierung antidemokratischer Denkmuster und rechtspopulistischer Diskurse liegen, die immer tiefer in den Alltag eingriffen und von radikalen Faschisten instrumentalisiert werden konnten. Babylon Wuppertal: Eine bizarre Zeit -nicht nur im Film - mit hohem Wiedererkennungswert.

5. Krisen & Konflikte

Pauperismus und Massenarmut. Prekäres Leben im 19. Jahrhundert

Idylle und behäbige Gemütlichkeit. Das frühe 19. Jahrhundert gilt als die Zeitspanne, als das Bürgertum eine ihm eigentümliche Kultur des Alltags entwickelte. *Biedermanns Abendgemütlichkeit* und der Rückzug ins spießbürgerlich Private: Die Behaglichkeit des Biedermeier bis um 1848 aber konnten nur wenige, etwa das allmählich selbstbewusst werdende Besitz- und Bildungsbürgertum dieser Zeit, wirklich genießen. In anderen gesellschaftlichen Milieus ging es dagegen deutlich weniger behaglich und friedvoll, sondern eher rau und prekär zu. Ob Kötter, Tagelöhner, Heimgewerbetreibende, Wander- oder Fabrikarbeiter, sie alle lebten gerade auch in den Orten, wo der industrielle Fortschritt dominierte, am Rande des Existenzminimums.

Armut war nicht neu. Überbevölkerung und Unterbeschäftigung waren bis ins 18. Jahrhundert die Ursachen dafür, dass die Menschen hungerten und darbten. Das dauerte bis in die 1840er Jahre, als aus den traditionellen Hungerkrisen der vorindustriellen Zeit die Konjunkturkrisen des Kapitalismus wurden, die in der Textilindustrie in der Regel dem besonderen Umstand folgten, dass das traditionelle Heimgewerbe sukzessive durch die Fabrikproduktion verdrängt wurde. Die Gesetze des Marktes lösten mit einem Mal alte soziale Bindungen und Wertordnungen auf, in der Menschen, die nicht mithalten konnten, durchaus ihren Platz fanden. Viele glaubten, dass diese Massenarmut der natürliche Preis für die neue Gewerbefreiheit sei und alsbald durch die Fabrikproduktion überwunden sein würde.

Hungry Forties

Doch der Pauperismus - eine Wortschöpfung dieser Zeit - war nicht so einfach zu überwinden. In der ersten Hälfte des 19. Jahrhunderts erhielten bis zu 20% der Menschen in Elberfeld und Barmen Zuwendungen aus der Armenunterstützung. 1830 stellte der Stadtrat von Barmen sogar fest, dass fast die Hälfte der Einwohner ohne Unterstützung nicht überleben könnte. Die vierziger Jahre des 19. Jahrhunderts gingen in ganz Europa nicht ohne Grund als die *Hungry Forties* (hungrige Vierziger) in die Geschichte ein: Folgen von

Missernten, aber auch der verbreiten Niedriglohnpolitik der Unternehmer und der bis dato unbekannten ökonomischen Konjunkturkrisen.

Das betraf überall und immer zuerst die Kinder, und zwar besonders die Waisenkinder, solche aus unvollständigen Familien oder aus Großfamilien, also die Mehrzahl. Eine fünfköpfige Arbeiterfamilie etwa hatte Ende der 1840er Jahre einen errechneten Mindestbedarf von 4 Talern pro Woche, ein Lohn, der aber im Tal lediglich von den Türkischrot-Färbern 1848 in frühen Arbeitskämpfen erstritten werden konnte. Ein Weber dagegen brachte wenige Jahre zuvor noch nicht einmal die Hälfte davon pro Woche mit nach Hause. Damit nicht genug. Die große Mehrheit der Heimweber schaffte es mit Mühe auf 30 Silbergroschen (knapp 1 Taler). Kinder – sie stellten rund zwei Drittel der Beschäftigten in der expandierenden Textilindustrie - verdienten bestenfalls 24 Silbergroschen in der Woche. Betroffen vom Pauperismus war aber nicht nur das Proletariat, sondern auch das hoffnungslos überfüllte traditionelle Handwerk. Von 1.100 Schustern zum Beispiel war 1845 die Hälfte ohne jede Beschäftigung und lebte prekär. Kinder ohne Kindheit arbeiteten seit frühesten Jahren stundenlang in der Fabrik. Erst 1839 wurde, als sich ein zwölfjähriges Mädchen in einer Spinnerei umgebracht haben soll, die Kinderarbeit durch ein königliches Regulativ eingedämmt, aber trotzdem nicht wirklich abgeschafft. Es fehlte schlichtweg die dafür notwendige Kontrollinstanz. Immerhin wurde der Arbeitstag für Kinder unter 16 Jahren künftig auf 10 Stunden begrenzt. Der Staat griff gelegentlich in den Laissez-Faire-Kapitalismus ein, wenn auch nur in homöopathischen Dosen. Während die einen bei Festbanketten glänzten, um sich anschließend in pietistischer Frömmigkeit zu ergehen, kämpfte die Mehrheit in Barmen und Elberfeld ums nackte Überleben. Der junge Wuppertaler Amerika-Auswanderer Hermann Enters etwa beschrieb diesen Gradwandel rückblickend als zu wenig zum Leben, zu viel zum Sterben. Es gab zwar eine durch Spenden und Steuerumlagen finanzierte Armenunterstützung und Arbeitsbeschaffung. Aber diese wirkten nur punktuell, bis das Revolutionsjahr 1848 schließlich die Tumulte auf die Straße brachte.

Als sich das Bürgertum für den Kommunismus interessierte. Friedrich Engels und Moses Hess in Elberfeld 1845

„*Man wird finden, dass das Land bei hohen Löhnen prosperiert. Wenn sie niedrig sind, leiden alle Klassen, von der höchsten bis zur niedrigsten, in besonderem Maße aber das Fabrikanteninteresse. Denn Lebensmittel müssen als erstes gekauft werden, und nur der Rest des Arbeitslohnes kann für Fabrikprodukte ausgegeben werden. Es ist daher wesentlich im Interesse des Fabrikunternehmers, daß die Arbeitslöhne hoch sein sollten.*“ So rief schon in der Frühphase des Kapitalismus um 1818 der damals populäre englische Sozialreformer Robert Owen britischen Fabrikunternehmer zu. Wobei das Adjektiv früh allerdings eher auf die kontinentale Entwicklung, insbesondere im damals industriellen Entwicklungsland Preußen/Deutschland zutraf. In Sachen Industrialisierung waren die Engländer dem Rest Europas nämlich mei-

lenweit voraus. Der Barmer Unternehmersohn Friedrich Engels hatte die sozialrevolutionäre englische Arbeiterbewegung und deren *Strikes* für bessere Löhne während seines Aufenthaltes im Familienunternehmen Ermen & Engels in Salford bei Manchester um 1842 kennen- und schätzen gelernt. Hohe Löhne, so hatte er verstanden, dämpfen nicht nur die soziale Not des Proletariates, sie sind auch ein Motor der kapitalistischen Entwicklung und der Modernisierung. Für diese verlockende Botschaft musste es doch auch ein Publikum in der Heimat geben. Zusammen mit Moses Hess, dem Herausgeber des damals unter Arbeitern populären *Gesellschaftsspiegel*, einer von Julius Baedeker in Elberfeld verlegten Zeitschrift „*zur Vertretung der besitzlosen Volksklassen und zur Beleuchtung der gesellschaftlichen Zustände der Zeit*", trat er 1845 vor Ort in drei Veranstaltungen auf, die der kommunistischen Idee im Tal erhöhte Aufmerksamkeit verschaffen wollte. Schließlich war im sogenannten deutschen Manchester die Industrialisierung in Deutschland noch am weitesten vorangeschritten. Die Veranstaltungen im größten Saale und ersten Gasthof der Stadt (so Friedrich Engels in einem Brief an Karl Marx) zogen dann auch immerhin 370 Menschen an, bevor eine bereits angekündigte vierte Versammlung vom Elberfelder Oberbürgermeister persönlich unter Strafandrohung verboten wurde. Das erstaunte Publikum bestand vornehmlich aus der besseren Gesellschaft der Stadt, aus bürgerlichen Honoratioren und Unternehmern. Engels schlug seinen Zuhörern zur Linderung der grassierenden Armut unter anderem die Einrichtung von Armenkolonien nach dem Muster des englischen Sozialisten Robert Owen vor. Arbeiter fehlten bei diesen Vorträgen. Unklar, warum sich ausgerechnet das großbürgerliche Publikum im Wuppertal plötzlich für den Kommunismus interessierte.

Tatsächlich waren also diese ersten Organisationsversuche nur sehr begrenzt erfolgreich, stellten die Akteure doch fest, dass ihre eigentliche Zielgruppe, das örtliche Proletariat, an kommunistischen Versammlungen wohl eher desinteressiert schien. Viel später sah das Gustav Mayer, der erste Biograf von Friedrich Engels, dann völlig anders, als er diese Zusammenkünfte in Elberfeld nämlich als die *„frühesten sozialistischen Versammlungen auf deutschem Boden"* überhaupt bezeichnete und ihren besonderen Piniercharakter betonte. In den Maitagen 1849 standen dann Teile eben dieser an Vorträgen doch so desinteressierten Elberfelder Arbeiterschaft auf den Barrikaden und kämpften für eine demokratische Verfassung, für Arbeit und bessere Löhne.

Krise und Intervention 1847. Der Staat und die Gesetze des Marktes

Aktuell erleben wir in der Corona-Krise verschiedene Varianten der Staatsintervention, mit zahlreichen Maßnahmen zur Steuerung eines allgemeinen Notstandes, der von vielen als historisch einmalig eingestuft wird. *Privat vor Staat*, diese sattsam bekannte Formel des Neoliberalismus, wird in der Krise ein ums andere Mal außer Kraft gesetzt, wenn der Staat massiv in der Belange des freien Marktes eingreift, wenn dessen vermeintliches Regelungspotenzial in der Pandemie versagt. Manch besorgter Feuilletonist vermutet bereits die Rückkehr des Sozialismus. Dabei wird häufig vergessen, dass es seit der Entstehung des Kapitalismus immer wieder Variationen staatlicher Eingriffe in besonderen Krisensituationen gegeben hat; auch im Wuppertal um die Mitte des 19. Jahrhunderts. Betrachten wir dazu eine Episode im April 1847 in Elberfeld. Dort fand man am 29. in den frühen Morgenstunden eine größere Anzahl von verdächtigen Maueranschlägen und Plakaten, die zu Protestversammlungen und Demonstrationen vor dem Hause eines offenbar unbeliebten Elberfelder Unternehmers aufriefen. Unterzeichnet mit dem flammenden Aufruf: "*Der Mensch ist frei geschaffen, ist frei, und wenn er in Ketten geboren.*" Der hochsensible Landrat reagierte aufgeschreckt, sah „*eine gefährliche Störung der öffentlichen Sicherheit*" voraus und forderte kurz entschlossen kaserniertes Militär aus Düsseldorf an. Warum diese helle Aufregung? Am 1. Mai stand in Elberfeld traditionsgemäß der sogenannte Wohnungswechsel bevor, der Tag also, an dem die Zahlung der aufgelaufenen Mieten fällig wurde, was unter den in weiten Teilen arbeitslosen Elberfeldern für beträchtliche Unruhe sorgte. Die Stimmung heizte sich auf. *Sozialen Excessen*, wie es im Sprachstil der Zeit hieß, wollte der Obrigkeitsstaat mit allen zur Verfügung stehenden Mitteln, also militärisch, entgegenwirken. Am Ende blieben aber sowohl die Protestversammlung als auch die befürchteten Tumulte aus. Warum? Weil eine Reihe von städtischen und privaten Maßnahmen zur Vermeidung von offenen Konflikten beigetragen hatte: Die Arbeitgeber zahlten in großem Stil Vorschüsse zu den Mieten. Zahlungsunfähige wurden in leerstehenden Häusern der Eisenbahn untergebracht, Nahrungsmittel gratis verteilt, Maßnahmen der Arbeitsbeschaffung im Straßenbau eingerichtet. Die preußische Regierung machte schließlich noch eine Zusage über die stattliche Summe von 32.000 Talern als Subvention zur Beschäftigung arbeitsloser Elberfelder Weber.

Hier wurden also durch ein ganzes Bündel von Maßnahmen die Normen der frühindustriellen Wirtschaft im Handumdrehen außer Kraft gesetzt, um das bedrohliche Potenzial sozialer Proteste kurzfristig zu entschärfen. Was waren die Hintergründe? Ganz eindeutig die ökonomische und soziale Krise vom Winter 1846/47. Seit einigen Jahren herrschte im Wuppertal eine extrem ungünstige Konjunktur für Textilunternehmen, deren Auswirkungen sich durch die katastrophalen Missernten von 1846 noch einmal gefährlich zuspitzten: Von Woche zu Woche waren die Preise für Grundnahrungsmittel, insbesondere Brot und Kartoffeln, dramatisch gestiegen. Unternehmer ihrerseits reagierten auf den Produktionsrückgang mit der Entlassung von Webern und Arbeitern. Im Januar 1847 waren in Elberfeld dann bis zu 5.000 Menschen arbeitslos. Das bedeutete, dass bei 46.000 Einwohnern rund ein Drittel der männlichen Bevölkerung ohne geregeltes Einkommen lebte, viele Familien nur von öffentlicher Unterstützung und der Hand in den Mund. Ein Indiz dafür die zusätzlichen Suppenküchen, die zwischen Dezember 1846 und Sommer 1847 gegen minimales Entgelt knapp 44.000 Portionen austeilten. Darüber hinaus erhielten rund 16.000 Bürger der untersten Steuerstufe Brotmarken, die in den Bäckereien auf den offiziellen Preis angerechnet wurden.

Armenviertel Elberfeld um 1880

In dieser Zeit lag das wöchentliche Existenzminimum einer fünfköpfigen Familie bei zirka 4 Talern und 5 Silbergroschen. Der durchschnittliche Stundenlohn eines Fabrikarbeiters betrug zwischen 9 und 12 Pfennig. Das entsprach bei einer 6-Tagewoche einem Wochenlohn von 2 Talern 2 Silbergroschen. Die Kosten für ein Brot aber lagen bei 9 Silbergroschen, was einen Arbeitsaufwand von 9 bis 12 Stunden pro Brot ausmachte. Das war, am einfachen Beispiel erklärt, die soziale Lage der kleinen Leute. Und so schlug das Absinken der Kaufkraft durch Lebensmittelverteuerung unmittelbar wieder auf den Textilmarkt durch und forcierte so weitere Absatzkrisen, Produktionseinstellungen, Entlassung von Arbeitern, Arbeitslosigkeit, sinkende Löhne unter das Existenzminimum - ein fataler Kreislauf, der sich dann politisch zuspitzte, den Staat auf den Plan rief und außergewöhnliche Mittel des Eingriffs in den gerade erst befreiten Markt auf die Tagesordnung setzte. Nicht zum letzten Mal in der Geschichte.

Ein besonderer Fall von Majestätsbeleidigung. Wie 1848 am Hofkamp der König zu Bruch ging.

Mitte Oktober 1848 erscheint auf dem Elberfelder Polizei-Kommissariat der Anstreicher Johann Peter Baum und erstattet Anzeige gegen einen gewissen Julius Menadier. Der habe im Hinterhof einer Kneipe des Schankwirtes H. am Hofkamp doch tatsächlich die Porzellan-Büste von Friedrich Wilhelm IV, dem preußischen König zunächst frech ergriffen und dann gewaltsam zerstört. Und zwar so: Zunächst habe er den Kopf des Monarchen, also dessen Abbild, einfach brutal auf das Pflaster geknallt und dabei in tausend Stücke zerlegt. Unerhört. Gehört habe besagter Baum aber später noch vom Bekannten eines Bekannten, dass auch die Büste des verstorbenen Preußenkönigs Friedrich Wilhelm III das gleiche desaströse Schicksal erlitten hätte. Wie lässt sich ein solcher Fall von antimonarchischem Furor in den aufgeregten Tagen des Jahres 1848 erklären, das auch im

Friedrich Wilhelm IV, Karikatur von Isidor Popper,1849

Wuppertal später den Ruf eines tollen Jahres genießen sollte? Alkohol? Übermut? Vandalismus? Delinquenter Einzelfall oder Ausdruck von politisch sozialem Protest? Vielleicht von allem etwas. Das überlieferte Polizeiprotokoll jedenfalls ist eine dieser eher seltenen historischen Quellen, die punktuelle Einblicke in die Lebenswelt von einfachen Leuten gestatten, wenn auch nur durch die Brille der Obrigkeit. Milieus, die oftmals nur in Polizeiberichten greifbar werden, deren Verhältnisse ansonsten aber stumm bleiben. Und die Quelle ist noch auf andere Weise bemerkenswert.

Dieser besondere Fall von Majestätsbeleidigung, der eine empfindliche Strafe nach sich zog, ereignete sich nämlich nicht nur am Geburtstag des preußischen Monarchen, sondern gerade einmal wenige Wochen nach dessen umjubeltem Besuch in Elberfeld. Mitte August 1848 war auch in Preußen die zunächst nur scheinbar so erfolgreiche bürgerliche Revolution *vor den Thronen stehen geblieben* und – nach anfänglichen liberalen Zugeständnissen der Fürsten und Monarchen - gescheitert. Reaktion und Militär waren längst auf dem Vormarsch. Als Sinnbild dafür galt besagter preußischer König. Hatte im benachbarten Düsseldorf der dortige Stadtrat den Empfang des reaktionären Monarchen auf der Durchreise nach Köln noch rundherum abgelehnt, empfing man ihn in Elberfeld zutiefst loyal in einem Fahnenmeer aus preußischem Schwarz-weiß, Nationalhymne inklusive. Der Repräsentant des semi-absolutistischen preußischen Systems, der alten feudalen Eliten und des rigiden Überwachungsstaates sollte nur wenige Monate später die demokratischen Kräfte im Lande blutig niederschießen lassen, die vom

Parlament der Frankfurter Paulskirche ausgehandelte, erste quasi-demokratische Verfassung als Ausdruck eines *Dreck aus Lettern* und die ihm angebotene Krone eines deutschen Kaisers als *Hundehalsband* ablehnen. Das war das Aus für die Revolution. Den Rest erledigte preußisches Militär.

Was der Gewaltausbruch in der kleinen Kneipe am Hofkamp in Ansätzen bereits vorwegnahm, erfasste nur wenige Monate später, Anfang Mai 1849 in Elberfeld den gesamten öffentlichen Raum. Der soziale und demokratische Protest gegen ein verkrustetes politisches und gesellschaftliches System ging auf die Straßen. Barrikaden und rote Fahnen inklusive. Es war ein kurzes, aber spektakuläres Intermezzo, gleichsam ein letztes Zucken der demokratischen Revolution in Deutschland, wo sich diese Tradition später nur schwach ausbilden konnte. Auch ein gewisser Friedrich Engels spielte in diesen aufregenden Tagen *des roten Elberfelder Rathauses* im Mai 1849 eine Rolle. Doch davon mehr beim nächsten Mal.

Beinahe eine Revolution. März 1848 in Elberfeld

Frühjahr 1848: Revolution nahezu überall in Europa, auch in Deutschland, das es als politische Einheit ja überhaupt noch nicht gab. Es herrschte Aufruhr-Stimmung, sogar in Elberfeld, dieser frühindustriellen Boomtown im Wuppertal mit dem immensen Reichtum weniger Unternehmerfamilien und der grassierenden Armut der Arbeiter/Handwerker. Die Barrikadenkämpfe von Berlin und Wien, der Sturz des Systems Metternich hatten sich auch hier herumgesprochen. *Märzforderungen* nach allgemeinem Wahlrecht, Presse- und Vereinigungsfreiheit wurden vielerorts formuliert. Das aufstrebende liberale Bürgertum verlangte politische Machtbeteiligung, Schwurgerichte, manchmal sogar die Bewaffnung des Volkes, vor allem aber die Einberufung eines gesamtdeutschen Parlaments. Der preußische König reagierte wie auch andere Monarchen anfangs beeindruckt auf den *Druck der Straße* und berief mit führenden Vertretern des rheinischen Liberalismus die ersten bürgerlichen Minister in der preußischen Geschichte. Das war wohl kalkuliert und brach der weiterhin möglichen Radikalisierung der Revolution die Spitze.

Auch in der Stadt Elberfeld waren Anfang März 1848 die Dinge in Bewegung geraten. Auf Volksversammlungen am 6. und 9. März wurden jetzt auch soziale Forderungen gestellt: Insgesamt betrachtet ging es in den Erhebungen der Arbeiter im Bergischen um nicht weniger als die Vereinbarung von Mindestlöhnen, also um frühe Tarifkämpfe. Der Düsseldorfer Regierungspräsident vermutete *kommunistische Umtriebe* hinter dem Ruf nach Volkssouveränität, Volksbewaffnung und Verbesserung der Arbeits- und Lohnverhältnisse. Zehn Tage später, am 18. März schien dann die Lage in Elberfeld ähnlich wie tags zuvor bei Fabrikzerstörungen in Solingen zu eskalieren, als Militär herbeigeholt wurde, um die Beschädigung einer Weberei durch aufgebrachte Arbeiter und Handwerker zu verhindern.

Dieser Militäreinsatz zum Schutz des Eigentums folgte jedoch einer stark überpointierten Darstellung der tatsächlich eher ruhigen Lage. Bereits 1845 hatten Friedrich Engels und Moses Hess für Elberfeld festgestellt, dass das örtliche Proletariat an kommunistischen Versammlungen wohl eher desinteressiert schien. Was also stand im März 1848 auf der revolutionären Agenda? Ein politischer Elitenkonflikt zwischen rheinisch kapitalistischem Bürgertum und preußischer Aristokratie? Oder doch ein früher Klassenkampf des Industrieproletariates? Vor Ort konkurrierten die politischen Vereinigungen des Elberfelder Bürgertums untereinander: der im April des Jahres gegründete *Politische Klubb*, dessen Mitglieder vorwiegend zur Gruppe der Akademiker zählten, und der *Konstitutionelle Verein* der Unternehmer und des gewerblichen Mittelstandes. Auf die Aktivitäten des *Politischen Klubbs*, in dem die demokratisch gesinnte Fraktion allmählich die Oberhand gewann, gingen die großen Volksversammlungen des Jahres zurück, während der Konstitutionelle Verein eher konservativen Haltungen der Obrigkeitspolitik in Berlin zuneigte. Der Gemeinderat der Stadt wurde von den eingesessenen Honoratiorenfamilien dominiert, während die Masse der fluktuierenden und eigentumslosen Arbeiter politisch entrechtet blieb. Revolutionäre Dynamik war höchstens von dieser Seite oder aber von auswärts zu erwarten. An eine soziale Revolution aber dachten in diesen Märztagen die wenigsten. Sie mussten sich ein weiteres Jahr gedulden, bis 1849 der gemeinsame Kampf für eine Reichsverfassung ein kurzes revolutionäres Intermezzo in Elberfeld brachte: Barrikaden und besetztes Rathaus inklusive.

Barrikade in Paris im Februar 1848

Die Ruhe vor dem Sturm. Elberfeld im April 1849

Am 3. April 1849 hatte der preußische König Friedrich-Wilhelm IV die ihm vom Frankfurter Parlament angetragene Kaiserkrone, als einen *Reif aus Dreck und Lettern* und als *Hundehalsband* der Demokratie, für die Mehrzahl der nur begrenzt überraschten Zeitgenossen in einem Anflug restabsolutistischer Überheblichkeit endgültig abgelehnt. Die Ereignisse spitzten sich unmittelbar dramatisch zu, als die Zweite Preußische Kammer ihrerseits die deutsche Reichsverfassung bestätigte, die Regierung zur Annahme aufforderte und der Monarch das Parlament postwendend auflöste. Wenige Tage zuvor hatten sich noch 28 Staaten des Deutschen Bundes ebenfalls für die Annahme der mühsam erarbeiteten ersten deutschen Verfassung erklärt. Nach diesem Putsch von Oben wurde Preußen endgültig die offizielle Führungsmacht der Konterrevolution. Womit das Militär auf den Plan trat und folgerichtig die zügige Mobilisierung aller verfügbaren Kräfte, also auch der Landwehr, einer Art Reservearmee, um gegenüber möglichen revolutionären Unruhen gewappnet zu sein. Der Staat rüstete auf und war bereit zur Anwendung militärischer Gewalt gegen die eigene Bevölkerung.

Noch aber war die Lage in Elberfeld und Barmen, die Kristallisationsorte der Frühindustrialisierung mit ihren krassen sozialen Gegensätzen, einigermaßen ruhig. Zwar war es im Verlauf des *tollen Jahres* 1848 in Elberfeld immer wieder zu punktuellen Arbeitertumulten gekommen. Dennoch hatten die Ordnungskräfte der *Polizey* und die lokale Bürgerwehr die Lage aus ihrer Sicht einigermaßen unter Kontrolle, auch wenn es immer wieder zu spektakulär großen Demonstrationen kam. Im Verlaufe des Jahres hatten sich erste politische Parteien gebildet. Während sich die wohlhabenden Bürger also im *Konstitutionellen Verein* versammelten, der die Monarchie unangetastet lassen wollte, gründeten die republikanisch und demokratisch orientierten Elberfelder Kleinbürger, Gewerbetreibenden und Akademiker den erwähnten *Politischen Klubb.* Die Bürger stritten in diesen Formationen künftig um die kommunale Deutungshoheit. Als am 16. August 1848 Friedrich Wilhelm IV zu Besuch bei Bankier Daniel von der Heydt ist, kommt es im Anschluss an eine vom *Politischen Klubb* initiierte Protestversammlung mit anschließender Katzenmusik zum Konflikt mit dem politischen Gegner. Die geplante Aktion wird zwar von Polizei und Bürgerwehr gewaltsam verhindert, aber die endgültige Spaltung des bürgerlichen Lagers ist damit auf dem Tisch. Ansonsten aber herrscht vorläufig Ruhe in Elberfeld und Barmen - bis in den Frühsommer 1849.

Ende April spitzt sich dann die Lage zu. Über 1.000 Teilnehmer auf einer Versammlung am Engelnberg verabschieden eine Resolution gegen die erneute Auflösung der Zweiten Kammer in Preußen. Aufgebrachte Redner bezeichnen die Regierung als *absolutistisch.* Die scharfe Resolution wird von einer Deputation an die Bezirksregierung nach Düsseldorf überbracht, wo bereits Soldaten mit entsicherter Waffe auf die Wuppertaler Abordnung warten. Bei der Rückkehr nach Elberfeld kommt es dann zu tumultartigen Protesten. Die Polizei hält sich noch zurück. Der Elberfelder Gemeinderat flüchtet sich in ein entschiedenes sowohl als auch. Man schließt sich zwar halbherzig der Resolution an, missbilligt auch die Auflösung der Zweiten Kammer, weigert sich aber, die Reichsverfassung für *unbedingt gültig* zu erklären. Sechshundert Kilometer östlich, in Dresden, kommt es jetzt zu ersten bewaffneten Straßenkämpfen. Das Volk geht für die demokratische Republik auf die Barrikaden, preußische Truppen greifen blutig ein. Das strahlt aus bis nach Elberfeld. Als die ersten Gestellungsbefehle an die Landwehr erfolgen, kommt es am 3. Mai schließlich zur offenen Revolte: 153 Landwehrmänner erklären sich mit der Reichsverfassung einverstanden und *der absoluten Krone für entbunden.* Ein Komitee wird gegründet, das vor rund 400 Landwehrmännern spricht. Befehlsverweigerung: Das klingt nicht nur danach, das ist Meuterei. Die Zeichen stehen auf Sturm und einige Zeitgenossen verbreiten Gerüchte von einer drohenden *rothen Republik.* Die nächsten zwei Wochen im Mai werden zu den aufregendsten aber auch skurrilsten Tagen der Elberfelder Geschichte zählen. Und mitten im Geschehen: der junge Friedrich Engels.

Landwehrmann auf dem Manöver, Düsseldorfer Monatshefte

Aufstand bis Himmelfahrt.
Friedrich Engels auf den Barrikaden von Elberfeld

Aufgeheizte Stimmung also in Elberfeld Anfang Mai 1849. Trotz der Warnungen des Oberbürgermeisters von Carnap vor der aufgeheizten Stimmung forderte der aufgeregte Kreissekretär und stellvertretende Landrat Melbeck am 7. Mai 1849 aus Düsseldorf Militär an und drehte damit heftig an der Eskalations-Schraube. Den Rest erledigten die Gerüchte: *Fake News*, die in der Geschichte von Revolutionen und Aufständen stets eine -bisweilen tragische- Rolle spielten. Von Mund zu Mund laufen in diesen Stunden die Nachrichten und Gerüchte über den bevorstehenden Militär-Einsatz. Und was das zu bedeuten hatte, weiß man spätestens seit den Nachrichten über die blutigen Ereignisse in Sachsen. Der gewaltsame Einsatz von preußischem Militär gilt als *ultima ratio* des Obrigkeitsstaates, wenn es darum geht, soziale und politische Unruhen im Keim zu ersticken oder Nachahmer abzuschrecken. Gerüchte provozieren dann die ersten Übergriffe von jungen Leuten, zumeist Arbeiter und Handwerker, die auch den Elberfelder Oberbürgermeister treffen. Daraufhin überstürzen sich am folgenden Tag die Ereignisse: im Westen der Stadt zieht mittags Militär aus Düsseldorf auf; wenige Stunden später trifft am Steinbecker Bahnhof mit dem Zug Verstärkung aus Köln ein; der anwesende kommissarische Regierungspräsident beordert die Truppen zur Aufrechterhaltung von Ruhe und Ordnung in die Stadt. Die aufständische Bevölkerung verbarrikadiert die Innenstadt, empfängt die Soldaten auf dem Neumarkt mit einem Steinhagel und zwingt das Militär schließlich zum Rückzug. Das Haus des Oberbürgermeisters wird demoliert. Abends bleibt der Angriff des Militärs auf eine strategisch wichtige Barrikade erfolglos stecken. Bei diesem Einsatz kommen schließlich vier Menschen um ihr Leben, drei Arbeiter/Handwerker und der Kommandant, dazu zahlreiche, zum Teil schwer Verletzte. Nach dem erneuten Rückzug des Militärs verlassen der Oberbürgermeister, der Kreissekretär, der Polizeikommissar, einige Ratsmitglieder sowie etliche Elberfelder Honoratioren und Unternehmer samt ihren Familien fluchtartig die Stadt, die nunmehr in der Hand der Aufständischen ist. Etwa 2 bis 3.000 Freischärler strömen in die Stadt. Am 10. Mai verschaffen sich die meuternden Landwehrmänner mit dem Bankier Daniel von der Heydt dann eine prominente Geisel, während das Militär nach Düsseldorf abzieht, um den dortigen Aufstand blutig niederzuschlagen. Am gleichen Tag gründet sich ein *Revolutionärer Sicherheitsausschuss*, in den auch fünf Gemeinderatsmitglieder gewählt werden. Dieser schwach legitimierte Ausschuss übernimmt jetzt offiziell die Funktionen des Stadtrates. Gleichzeitig stürmen Solinger Arbeiter das Gräfrather Zeughaus und bringen dadurch Waffen in die Stadt. Am folgenden Tag, dem 11. Mai. – Friedrich Engels, der Redakteur der *Neuen Rheinischen Zeitung*, ist soeben aus Köln zu den Aufständischen gestoßen - weigert sich die lokale Bürgerwehr, ihre Waffen abzuliefern, unterwirft sich aber formell den Anordnungen des Sicherheitsausschusses. Die einzige Klarheit, die dort herrscht, ist die Unklarheit über Ziele und Strategien der Erhebung: für die Reichsverfassung, aber gegen einen republikanischen Umsturz? Angst vor einem drohenden Ultimatum oder Mut zum Widerstand? Die folgenden Stunden spitzen die Verwirrung der Lage zu. Während vereinzelte Kommandounternehmen zur weiteren Bewaffnung auf die Zeughäuser der Umgebung glücken, schlägt ein Versuch, die östliche Eisenbahnstrecke zu sabotieren auf Intervention der reaktionären Barmer Bürgerwehr fehl.

Am 14. Mai berät der Sicherheitsausschuss über den Abzug der Freischärler-Gruppen und beschließt die Ausweisung von Friedrich Engels aus der Stadt. Der hatte sich zum letzten Male vor einem jahrzehntelangen Weg ins Exil für ein paar aufregende Tage in der alten Heimat aufgehalten und für die Durchsetzung einer demokratisch bürgerlichen Republik auf den Barrikaden gestanden, die er selbst miterbauen ließ und sorgsam auf Tauglichkeit inspizierte. Jetzt wird er vom revolutionären Regiment in gleichsam vorauseilendem Gehorsam gegenüber Obrigkeit und Militär aus der Stadt verwiesen. Es könne zu *Missverständnissen über den Charakter der gesamten Erhebung* kommen, formuliert es der Sicherheitsausschuss etwas verbrämt und macht damit deutlich, wofür die sogenannten Revolutionäre nämlich nicht einstanden: Für eine rote Republik. Engels soll gehen. Gleichsam ausgebürgert von der bürgerlichen Revolution selbst. Und er geht. Am 17. Mai, dem Himmelfahrtstag, ist die *revolutionäre Episode* von Elberfeld dann beendet. Die Bürgerwehr übernimmt die Kontrolle der Lage, noch bevor Militär in die Stadt einrückt. Die *Revolution der Bürger* wird von diesen selbst beendet.

Barrikaden in Elberfeld 1849, Ölbild Otto Mann, Dresden 1952

Seuchen im Wuppertal

Der Prozess der Urbanisierung führte im 19. Jahrhundert zur Entstehung dicht besiedelter Ballungszentren wie etwa in den Boomtowns an Wupper, Barmen und Elberfeld oder später an Emscher und Ruhr. Dieser Prozess verlief in der Anfangsphase ungeplant und chaotisch; beengtes Wohnen, verschmutztes Trinkwasser, mangelhafte Abwasserentsorgung und Abfallgruben in unmittelbarer Wohnungsnähe waren die Folgen. Krankheitserreger fanden hier in Abwässern und Abfällen idealen Nährboden. Die unzureichende Entsorgung – gerade in den überfüllten Arbeiterwohngebieten – und die katastrophal unhygienischen Lebensbedingungen führten verstärkt zum Ausbruch von übertragbaren Krankheiten und Seuchen wie Typhus, Ruhr, Pocken und Cholera. In den Elendsquartieren verbreitet war außerdem die Tuberkulose, auch *Auszehrung* oder *Schwindsucht* genannt. Solche Elendsviertel gab es in Elberfeld an der Bachstraße, an der Fuhr und im Island, und dicht daneben Abwasserkloaken wie der Mirker Bach in Elberfeld und der Mühlengraben in Barmer. Nicht zu vergessen die Wupper, für die bereits 1807 ein allgemeines Badeverbot verkündet worden war.

In den Jahren 1866/67 forderte die Cholera-Epidemie insgesamt 912 Opfer. Die meisten Erkrankungen wurden in der Bachstraße (heute: Gathe) registriert, durch die der als offener Abwasserkanal dienende Mirker Bach floss. In diesem Armenviertel galten die hygienischen Verhältnisse als besonders schlecht. Daran änderte auch die 1858 abgeschlossene

Überwölbung des Baches zunächst nicht viel. In diesem Jahr waren der Cholera über 800 Menschen zum Opfer gefallen.

Die Sorge um *Volksgesundheit*, das Bemühen um die Sauberkeit der Stadt sowie der Arbeits- und Wohnverhältnisse, kurz: die Hygienefrage, wurde damals immer drängender und damit allmählich zu einer Aufgabe der öffentlichen Hand. Die hier für das Wuppertal aufgezeigten Umstände betrafen im Laufe des 19. Jahrhunderts alle größeren Städte, je dichter besiedelt desto früher. Allein durch die *Asiatische Cholera* starben zwischen 1831 und 1871 in Preußen bei mehreren Seuchenzügen insgesamt etwa 380.000 Menschen. Kennzeichnend ist für das 19. Jahrhundert daher auch die wachsende Bedeutung der Hygienebewegung, für die 1865 ein Lehrstuhl an der Münchner Universität geschaffen wurde. Erster Lehrstuhlinhaber wurde Prof. Max Josef von Pettenkofer (1818-1901), der heute als *Vater der Hygiene* gilt. Großes im Kampf gegen die Cholera bewirkte aber Robert Koch (1843-1910), als er die Übertragungswege dieser Krankheit erforschte und wissenschaftlich eindeutig nachweisen konnte, dass ein Ausbruch der Seuche letztlich nur durch sauberes Trinkwasser und ein davon strikt getrenntes Abwassersystem vermeidbar sei. Koch gab damit den Stadtverwaltungen, die beim Aufbau von Frischwasser- und Abwassernetzen oftmals gegen den Widerstand breiter Bevölkerungsschichten anzukämpfen hatten, eine gewichtige Argumentationshilfe in die Hand.

Der kleine Willy Otto und die Impfgegner. Zur Geschichte einer Debatte

Am 6. Juni 1909 starb in Elberfeld der kleine Willy Otto im Alter von gerade einmal 18 Monaten an den Folgen einer Lungenentzündung in Verbindung mit Hirnhautentzündung. Angesichts der hohen Kindersterblichkeit auch in Elberfeld und Barmen im 19. und frühen 20. Jahrhunderts wäre dieser *Fall* keine berichtenswerte Besonderheit, wäre der kleine Willy nicht wenige Wochen zuvor gegen Pocken geimpft worden. Das Schicksal des Kleinen wurde umgehend von den Impfgegnern der Zeit aufgegriffen und ein zutiefst Mitleid erregendes Foto des Verstorbenen in den einschlägigen Medien veröffentlicht. Wie selbstverständlich stellten die damals gut organisierten Impfgegner einen Zusammenhang zwischen der Pockenimpfung und den angeblich tödlichen Nebenwirkungen her. Dieses Schicksal gewann also traurige Berühmtheit durch die folgende, emotional höchst aufgeladene Debatte um die Risiken des Impfens. Eine unfreiwillige Geschichte post mortem.

Impfgegner um 1800, James Gillray 1802

Pandemisch auftretende Infektionskrankheiten wie Cholera, Fleckfieber, Pocken oder Lepra waren bis ins späte 19. Jahrhundert weitgehend unerforscht und deshalb besonders gefürchtet. Es herrschte weder Klarheit über Erreger oder Erscheinungsformen, noch gab es wirksame Behandlungsmöglichkeiten. Die Menschen waren den todbringenden Seuchen hilflos ausgeliefert. Die Cholera etwa forderte auch im Wuppertal des 19. Jahrhunderts hunderte von Opfern. Im Kampf gegen die Pocken wurde 1874 in Deutschland per Gesetz das erste große Impfprogramm verpflichtend eingeführt. Impfbefürworter und Impfgegner führten dabei eine knallharte Debatte, die sich letztlich immer um die Kontroverse zwischen

Allgemeinwohl, individueller Unversehrtheit und persönlicher Freiheit drehte. Viele sehen in diesem Gesetz geradezu die Blaupause einer Medikalisierung der gesamten Bevölkerung. Das Impfgesetz sah vor, dass jedes Kind noch vor Ablauf des auf sein Geburtsjahr folgenden Kalenderjahres verpflichtend mit Schutzpocken geimpft werden musste. Im 12. Lebensjahr war eine Wiederholung Pflicht, von der es nur wenige Gründe zur Befreiung gab. Wenn sich Eltern trotz Aufforderung verweigerten, wurde eine geringe Geld- oder gar kurze Haftstrafe angeordnet. Das löste eine breite Protestwelle aus.

Die Debatte um das Impfen verlief von Beginn an emotional extrem aufgeladen bis ausgesprochen aggressiv. Die in zahlreichen Vereinen organisierte Impfgegnerbewegung brachte es 1914 auf die stolze Zahl von 300.000 Menschen. Ihr publizistisches Hauptorgan, *Der Impfgegner*, wurde von einem Arzt und Glasmaler aus Linnich herausgegeben und sprach in erster Linie Vegetarier und die Anhänger neuer Bewegungen der *Lebensreform* und Naturheilkunde an. Deren Aktivitäten propagandierten die Aufhebung des Gesetzes insgesamt, mindestens jedoch des Impfzwanges. Impfschäden mit Todesfällen schürten tatsächliche Besorgnis in der Bevölkerung. Die Gegner beschrieben dabei nicht selten wahre Horrorszenarien und drastische Fälle, die nach der Impfung aufgetreten seien. Dies reichte von harmlosen Nebenwirkungen wie Kopfweh bis hin zu Syphilis, Veitstanz oder dämonischer Besessenheit. Falschmeldungen und Gerüchte taten ein Übriges. Medizinhistorische Schätzungen gehen heute davon aus, dass etwa jede dreißigtausendste Pockenimpfung tödliche Nebenwirkungen hervorrief: Ein Umstand, den man in Relation zu den Gefahren der Pocken insgesamt aber in Kauf nahm. Nach dem Ersten Weltkrieg war die Zahl der Impfgegner dann stark gesunken. Angaben des damaligen Deutschen Reichsverbandes zur *Bekämpfung der Impfung* folgend schrumpfte die Mitgliederzahl bis 1924 auf 60.000. Fünf Jahre zuvor war bereits letzte Ausgabe des *Impfgegners* erschienen.

Impfpflicht ist in der Geschichte der Programme allerdings die Ausnahme. Nur im Falle der Pockenimpfung galt sie bis in die 1870er Jahre. Alle anderen Programme davor und danach wie Diphterie, Polio oder Tuberkulose setzten auf das Prinzip der Freiwilligkeit. Seit den späten 1920er Jahren zog sich der Staat aus den Impfprogrammen weitgehend zurück, bis er seit den 60er Jahren nur noch eine kontrollierende Funktion einnahm. Das hatte vor allem mit den neuen Pharmaunternehmen zu tun, die jetzt mit eigenen Impfprogrammen Erfolgs- und Profitgeschichte schrieben. Doch zurück zum Anfang der Erzählung. Siebzig Jahre nach dem viel zu frühen Tod des kleinen Willy Otto aus Elberfeld erklärte die WHO die Welt endgültig für pockenfrei.

Der Kaiser, das Attentat und eine feuchte Lunte. Elberfelder Anarchisten im 19. Jahrhundert

August Reinsdorf, Stahlstich um 1885

Am 28. September 1883 waren die funktionalen Eliten des Deutschen Reiches nahezu komplett in Rüdesheim versammelt. In diesem kleinen Ort im Rheingau sollte an einem ungemütlich regnerischen Tag mit einem großen Staatsakt das neue Niederwald-Denkmal eingeweiht werden. Das zog Kaiser Wilhelm I und die gesamte monarchische Führungsriege, bürgerliche Funktionsträger und Militärs samt Damenwelt an den Rhein. Was die Feiergesellschaft nicht wusste: Kurz zuvor hatten aus Elberfeld angereiste Anarchisten pfundweise Dynamit in die angrenzenden Drainagerohre verbracht. Reinhold Rupsch und Emil Küchler wollten den greisen Monarchen nebst Begleitung in die Luft sprengen. Als der Festumzug sich bis auf 50 Meter dem Denkmal genähert hatte, bemühte sich Küchler mehrfach erfolglos, die Zündschnur anzustecken. Die billigen Lunten, die sich die Attentäter hatten leisten können, waren schlichtweg zu feucht geworden in der regnerischen Nacht zuvor. Der eigentliche Drahtzieher dieses versuchten Attentates, der ehemalige Schriftsetzer August Reinsdorf, zugleich Kopf der Elberfelder Anarchisten-Gruppe, lag derweil mit gebrochenem Bein im Krankenhaus. Kaiser Wilhelm I hatte damit bereits den insgesamt vierten Anschlag überlebt und diesen letzten jetzt noch nicht einmal bemerkt. Monate später wurden die Elberfelder wegen Hochverrates verhaftet. Vor dem Leipziger Gericht im Dezember 1884 gab Anführer August Reinsdorf, die Tat zu und übernahm die volle Verantwortung dafür.

Die Motive, die er bei seinem Geständnis äußerte, geben Auskunft über das Selbstverständnis der Sozialrevolutionäre und ihrer *direkten Aktion*, der sich die Anarchisten im späten 19. Jahrhundert in Europa, aber auch in den USA, verpflichtet fühlten: "*Die Arbeiter bauen Paläste und wohnen in armseligen Hütten; sie erzeugen Alles und erhalten die ganze Staatsmaschine, und doch wird für sie nichts gethan; sie erzeugen alle Industrieprodukte, und doch haben sie wenig und schlecht zu essen; (...) Sollen wir ewig die Hände in den Schoß legen?*" August Reinsdorf, Reinhold Rupsch und Emil Küchler wurden allesamt zum Tode verurteilt, aber nur Reinsdorf und Küchler am 7. Februar 1885 im *Roten Ochsen,* einer Königlich-Preußischen *Straf- und Besserungsanstalt* in Halle, mit dem Fallbeil hingerichtet. Der noch jugendliche Sattlergeselle Reinhold Rupsch wurde begnadigt und erhielt eine lebenslängliche Zuchthausstrafe. Reinsdorf starb mit den Worten: „*Nieder mit der Barbarei! Es lebe die Anarchie!*"

Der politische Anarchismus fand in der Zeit um die Jahrhundertwende immer mehr Anerkennung auch und gerade in der internationalen Arbeiterbewegung und war zum politischen Faktor geworden. Dabei spielten einerseits die Protagonisten einer Philosophie der Tat wie Michail Bakunin gegen die *Herrschenden im Staat* eine zentrale Rolle, während Karl Marx und Friedrich Engels individuellen Terror als Mittel des Klassenkampfes strikt ablehnten. Ein anderer, viel gelesener Theoretiker des Anarchismus, der Russe Petr Kropotkin, wiederum gewann mit seinen publikumswirksam optimistischen und völlig gewaltfreien Überlegungen zur Frage, wie *Wohlstand für alle* denn möglich sei, breite Aufmerksamkeit. Kropotkin plädierte für die Abschaffung der Arbeitsteilung, der Lohnarbeit, für die Rückbesinnung auf kleinere Produktionseinheiten mit einer Arbeitszeit vom täglich maximal fünf Stunden und für eine Art bedingungsloses Grundeinkommen, um eine gerechte Gesellschaftsstruktur entstehen zu lassen, die dem allgemeinen Wohle dienlich sei.

Das alles hatte mit *Terrorismus* nichts zu tun. Die Historikerin Carola Dietze hält diesen insgesamt für eine *Erfindung* der Moderne im 19. Jahrhundert, ähnlich wie Telegrafie, Dampfschifffahrt oder Kunstdünger. Er benötigte damals wie heute neue Kommunikationsmittel: Massenmedien, um eine breite Öffentlichkeit als mediale Verstärkung einer symbolischen Gewalttat zu erreichen und politischen Erfolg zu erzielen. Dies wusste allerdings auch die Gegenseite zu nutzen. Drei Attentatsversuche hatte Wilhelm I bis 1883 schon überlebt, eins davon nur knapp. Am 11. Mai 1878 hatte es der Leipziger Klempnergeselle Max Hödel mit dem Revolver bei einer offenen Kutschfahrt des Kaisers in Berlin versucht. Hödel war kurz zuvor aus der Sozialistischen Arbeiterpartei (SAP) ausgeschlossen worden. Reichskanzler Bismarck allerdings wusste die allgemeine Hysterie zu nutzen, um das zunächst im Reichstag gescheiterte Sozialistengesetz gegen die Sozialdemokratie und die Arbeiterbewegung noch im gleichen Jahr in verschärfter Form verabschieden zu lassen.

Der Steckrübenwinter 1916. Barmen und Elberfeld im Ersten Weltkrieg

Winter 1916. Es ist Krieg, extrem kalt und die Menschen an der Heimatfront auch im Wuppertal hungern. Grund dafür sind die Missernten des Jahres und vor allem das Handelsembargo gegen das Deutsche Reich im sich verschärfenden Ersten Weltkrieg. Allmählich wurde deutlich, dass der so genannte *vaterländische Krieg* nur wenige Gewinner kannte. Die Stimmung in der Bevölkerung kippte. Ab 1916 hatten Wuppertaler Unternehmen auf Kriegswirtschaft umgestellt. Bereits ein Jahr zuvor hatte die Firma Vorwerk ihre Produktpalette um Feldbetten für den Fronteinsatz erweitert, ab 1916 dann um Maschinengewehre. *Eingeschossen* wurden diese Waffen bis zum Kriegsende regelmäßig hinter dem Barmer Rathaus. Bis Kriegsende produzierte die Firma rund 1.600 MGs für ca. 10.000 RM pro Stück. Das brachte Gewinne in die Unternehmenskassen. Kriegsproduktion, das hieß im Tal zunächst Herstellung von Munitionsbändern, Zelt- und Wagenplanen, Decken oder Schnürriemen. Heeresaufträge gab es verstärkt erst ab 1916: Waffen, Granaten, Munition, Gasmasken – diese auch für Pferde.

Anstehen nach Brot irgendwo in Deutschland

Auf der anderen Seite standen die *Verlierer*: Die Arbeitslosen, Demoralisierten, Kriegsversehrten, Krüppel und all die Enttäuschten, die spätestens ab dem Hungerwinter 1916/17 diesen grausamen Krieg fern der Schlachtfelder gleichsam hautnah zu spüren bekamen – und ablehnten. Was war aus der angeblichen *Kriegseuphorie* zu Beginn geworden? Kriegsbegeisterung, das konnten und wollten sich offenbar längst nicht alle leisten. Für manche Wuppertaler war der 1. August 1914 tatsächlich noch ein euphorischer Tag gewesen.

Der General-Anzeiger titelte voll Pathos: „*Vom Balkon des (Elberfelder) Rathauses gab Oberbürgermeister Funck die Mobilmachung bekannt. Die dort versammelte Menge brach in brausende Hurra- und Hochrufe aus.*“ Aber zogen die jungen Rekruten tatsächlich begeistert und voller Heldenmut in den vaterländischen Krieg? Diese Vorstellung war über Jahrzehnte hinweg so im kollektiven Gedächtnis der Deutschen fest verankert. In letzter Zeit aber wurde dies durch eine Reihe wegweisender Forschungen korrigiert. Die Arbeiterschaft vor allem hatte nämlich völlig andere Sorgen. Vor allem: Erwartbare Produktionsausfälle bedeuteten drohende Arbeitslosigkeit. Die allgemeine Stimmung war also eher ein Gemisch verschiedener, oft auch widerstreitender Gefühle, die von Spannung, Erregung, Stolz, Begeisterung und Zuversicht bis zu Skepsis, Panik und Verzweiflung reichten. So der amerikanische Historiker Jeffrey Verhey.

Die katastrophale Ernährungslage, rationierte Lebensmittel und Wucherpreise im kalten *Steckrübenwinter* 1916/17 ließen die Stimmung nun endgültig kippen. Gerüchte über feindliche Spionage und angebliche Attentate auf die Talsperren im Bergischen führten zu einer Art Kollektivhysterie im Alltag. Es gab unmotivierte Übergriffe auf Fremde, auf potenzielle oder eingebildete Feinde. Erste Demonstrationen fanden ab Februar 1917 in Barmen statt. Polizei- und Militäreinsätze nach innen – die typischen Reaktionsmuster des Obrigkeitsstaates, gerade auch im Krieg: Der Anfang vom Ende.

1917 – Hungerrevolten und die Spaltung der SPD

Februar 1917. Der Erste Weltkrieg ging bald in sein 3. Jahr und es herrschte allenthalben Kriegsmüdigkeit an der *Heimatfront*, auch in Barmen und Elberfeld. Der *Steckrübenwinter* 1916/17 steckte den Menschen noch buchstäblich in den Knochen. Die anfängliche Kriegsbegeisterung, die große Teile der Arbeiterschaft aber nie wirklich erreicht hatte, war einer weitgehenden Desillusionierung gewichen. Die Menschen froren und hungerten. Heimkehrende Invaliden und Kriegsversehrte dokumentierten gegenüber dem Hurra-Patriotismus von einst jetzt das wahre Gesicht des ersten industrialisierten Massenkrieges der Geschichte. Während Teile der auf Rüstungsindustrie umgestellten Unternehmen glänzende Gewinne erzielten, wuchs 1917 die soziale Not im Tal. In Barmen kam es am 26. Februar zu regelrechten *Hungerkrawallen* von bis zu 8.000 zumeist jungen Männern mit Plünderungen nicht nur der innerstädtischen Bäckereien, sondern auch in den angrenzenden Villengebieten. Die vollständig überforderte Polizei rief aus Münster 600 Mann Militär zur Hilfe, das die Unruhen durch bloßes Erscheinen beendete. Danach herrschte Ruhe. Vorerst. Die Kriegswohlfahrtspflege in Barmen funktionierte noch einigermaßen. Die vom Barmer Besitz- und Bildungsbürgertum getragene, sogenannte *Wohlfahrtszentrale* der Stadt versorgte die fast 40.000 kriegsunterstützungsberechtigten Menschen im Ort. Letztlich trug diese Kriegswohlfahrt in den Kommunen dazu bei, den Krieg noch fast zwei Jahre zu verlängern. Politisch spitzte sich die Lage allerdings zu. Während sich auf der einen Seite die völkischen Kriegsanhänger um Tirpitz, Kapp und führende Großunternehmer in der *Vaterlandspartei* und im *antisemitischen Alldeutschen Verband* sammelten, die eine Art Blaupause für den kommenden Faschismus darstellten, hatte sich auf der anderen Seite die Sozialdemokratie in die sogenannte *Mehrheit* der ursprünglichen Kriegskreditbefürworter und die Minderheit der Kriegsgegner und radikalen Sozialisten gespalten. In Wuppertal war allerdings die *Mehrheit* tatsächlich eine Minderheit. Im April 1917 gründete sich nach langen innerparteilichen Konflikten in Gotha die *Partei der Unabhängigen Sozialdemokraten* (USPD) um Otto Haase, zu deren führenden Köpfen in Wuppertal die Journalisten Oskar Hofmann und Otto Niebuhr zählten. Diese Spaltung im kriegsgeschädigten Barmen und Elberfeld blieb nicht folgenlos. Anders als in anderen deutschen Städten wurden sie zur Hochburg einer linken Sozialdemokratie, als sich 80% der Mitglieder der ehemaligen Gesamtpartei jetzt der USPD anschlossen. Andererseits: Von den neun SPD-Stadträten allerdings wechselten nur zwei zu den Unabhängigen.

Konjunkturen und Krisen. Vom „Arbeitsnachweis" zum Arbeitsamt: Barmen 1919/20

Ein Merkmal der viel zitierten *Schwellenzeit* zu Beginn des 19. Jahrhunderts war die Auflösung der ständischen Gesellschaftsordnung. Durch die Einführung der Niederlassungs-, Gewerbe- und Berufswahlfreiheit wurde Arbeit künftig eine Sache des Marktes. Gleichzeitig sorgte das Ende der Abhängigkeitsverhältnisse auf dem Lande (*Bauernbefreiung*) für eine gewaltige Migrationswelle und diese spülte jetzt die Menschen vom Land in die Städte, wo sie sich eben das erhofften, was sie im Zuge der Kapitalisierung der Landwirtschaft verloren hatten: Arbeit in den neuen Betrieben und Fabriken. Aber Stadtluft machte nicht unbedingt frei, sondern auch arm, krank, arbeitslos oder auch alles zusammen. In dem Maße, wie sich dort die ehemaligen Schutzfunktionen der Zünfte auflösten, fielen Massen von Handwerkern und neuen Fabrikarbeitern in bittere Armut. Das brachte gewerbliche Arbeitsvermittler auf den Plan, die für bloße Informationen über offene Stellen oftmals horrende Gebühren verlangten und auch erhielten. Dieser chaotisch ungeregelte Arbeitsmarkt veränderte sich im Verlauf der wirtschaftlichen Hochkonjunktur ab der Mitte des Jahrhunderts. Die 1890er Jahre bis zum Beginn des Ersten Weltkrieges waren eine Phase der beinahe flächendeckenden Vollbeschäftigung, allerdings mit regionalen Schwankungen. Stellenvermittlungen sollten jetzt den Arbeitsmarkt regeln, agierten als sogenannte Arbeitsnachweise und folgten nach eigenem Selbstverständnis dem Prinzip der *Gemeinnützigkeit* - getragen von bürgerlichen Wohltätigkeitsvereinen oder von Gewerkschaften. Der *freie Arbeitsmarkt* sollte es also richten. Wenn dieser jedoch versagte, ergaben sich daraus auch drastische soziale Lasten in den Städten und Gemeinden. Und diese ergriffen noch vor Beginn des Ersten Weltkrieges aus finanziellen Zwängen die Initiative: 1914 existierten rund 400 kommunale und gemeindeübergreifende *Arbeitsnachweise*. Die Lage bei Kriegsende veränderte dann alles.

Am 1.12.1918 nahm in Barmen eines der ersten lokalen Arbeitsämter in Deutschland seinen Dienst auf. Die Gewerkschaften vor Ort reagierten damit in Zusammenarbeit mit dem Stadtrat und dem Oberbürgermeister auf eine eklatante Notsituation, die unter den großen Städten im geplagten Nachkriegsdeutschland ihres Gleichen suchte. Waren noch im Dezember in der Stadt Barmen knapp 8.000 Menschen erwerbslos gemeldet, so stieg diese Zahl bereits im Januar 1919 auf rund 12.500 und erreichte im April mit mehr als 17.000 Arbeitslosen ihren Höhepunkt. Das war ein deprimierender Spitzenwert im gesamten rheinisch-westfälischen Wirtschaftsgebiet und vor allem eine der Folgen der Demobilmachung nach dem Ende des Weltkrieges, als von der Front zurückkehrende Soldaten wieder auf einen Arbeitsmarkt drängten, der jedoch die notwendige Zahl an Arbeitsplätzen einfach nicht hergab. Von den rund 26.000 eingezogenen Wuppertaler Soldaten verloren knapp 5.000 ihr Leben an der Front. Den Rest aber, so er denn überhaupt arbeitsfähig, also nicht kriegsversehrt war, zog es zurück in die Vorkriegsberufe, wenn diese denn noch existierten. Die ehemaligen Soldaten verdrängten dort vor allen die Frauen, welche im Verlauf der Kriegsjahre die Arbeitskraft der eingezogenen Männer ersetzten. Auf dem Höhepunkt der Krise war also jeder dritte Arbeitsfähige in Barmen faktisch arbeitslos. Perspektivlosigkeit machte sich breit im Tal.

Immerhin gelang es dem neuen Arbeitsamt, das unter der Aufsicht von Arbeiter- und Soldatenrat sowie der Stadtverordnetenversammlung stand, im Laufe des Jahres 1919 diese Extremsituation einigermaßen zu mildern: Unter anderem durch gezielte Erwerbslosenunterstützung und die Vergabe öffentlicher Arbeiten, etwa im Straßen- und Wohnungsbau. Der Finanzaufwand für die Kommune war trotz der Beteiligung des Staates beträchtlich. Die Arbeitslosen selbst mussten Anpassungen der Unterstützungszahlung regelmäßig durch öffentlichen Druck erkämpfen. Ein eigens gegründeter Arbeitslosenrat organisierte im Frühjahr 1919 spektakuläre Massendemonstrationen. Die Entspannung und Lösung der Krise aber kam im Herbst 1919 schließlich von außen, als die Probleme der Rohstoffversorgung durch die friedensbedingte Aufhebung der Wirtschaftsblockade weitgehend gelöst wurden und die neu entfachte, jetzt massenhafte Nachfrage nach Konsumgütern auf den Arbeitsmarkt durchschlug. Man ging optimistisch ins neue Jahr 1920. Eine nur kurze Atempause bis zur nächsten Krise – der Hyperinflation von 1922.

Attentäter und Geheimbünde. Weimarer Republikfeinde aus Elberfeld

In der Nachfolge des deutschen Kaiserreiches ist es der Weimarer Republik, der *Demokratie ohne Demokraten*, in der kurzen Phase ihres Bestehens ab 1918/19 nicht gelungen, eine langfristig funktionierende parlamentarische Demokratie zu entwickeln. Ihre häufig zu allem entschlossenen, militanten Gegner stammten insbesondere aus den verschiedenen Lagern der völkisch antisemitischen und *alldeutschen* Bewegung, der Freikorps und Geheimbünde, die sich schon bald nach dem Ende des Ersten Weltkriegs gebildet hatten. Eine ihrer gewalttätigsten Varianten war die sogenannte *Organisation Consul*, (OC), ein Geheimbund, hervorgegangen aus dem Freikorps des Brigade-Kapitäns Erhard (*Schwarze Reichswehr*), auf deren Konto zahlreiche *Fememorde* und Attentate gingen. Zu Beginn der 1920er Jahre war die OC auch in Elberfeld aktiv. Aus dem Umfeld der Aktivisten stammten mit Hanns Hustert und Karl Oehlschläger zwei junge, im Sicherheitsdienst eines Unternehmens und bei der Sicherheitspo-

Phillipp Scheidemann 1918

lizei tätige Männer, die am 4.Juni 1922 ein Attentat auf den Kasseler Oberbürgermeister Phillip Scheidemann durchführten.

Der Sozialdemokrat Scheidemann, der zusammen mit Friedrich Ebert 1918 die Republik ausgerufen hatte, galt bei den rechten Republikfeinden geradezu als Symbolfigur des verhassten neuen Systems und hatte zahlreiche anonyme Drohbriefe erhalten, dass er nach dem zuvor ermordeten Zentrumspolitiker Matthias Erzberger als nächster auf der Todesliste stehe. Mit Glück und knapper Not entkam er einem Blausäure-Attentat der beiden Rechtsterroristen aus Elberfeld, die ihr Opfer tagelang zuvor ausgespäht hatten. Der gerade 20-jährige Hanns Hustert hatte sich eine Gummispritze und pulverisierte Blausäure besorgt und den Kasseler Oberbürgermeister beim Spaziergang mit seiner Tochter und Enkelin auf der Wilhelmshöhe überfallen. Nur eine starke Windböe, die eine Entfaltung der gefährlichen Gaswolke verhinderte, rettete Scheidemann dabei das Leben. Hustert und Oehlschläger wurden auf der Flucht in Oberschlesien gefasst und zu 10 Jahren Zuchthaus verurteilt, die sie jedoch nicht vollständig absitzen mussten. Bereits nach 6 Jahren waren sie wieder auf freiem Fuß. Immerhin, wurde doch die überwältigende Zahl politischer Morde von rechts zu Weimarer Zeiten gar nicht erst bestraft. Die erstarkenden rechtsradikalen Organisationen im Allgemeinen und die OC im Besonderen bildeten das Umfeld, aus dem heraus im September 1922 in Elberfeld eine 45-köpfige Ortsgruppe der NSDAP und die SA entstanden. Die dann ab 1923 verbotene rechtsradikale Putschpartei schlug nach 1925 einen nach außen betont legalistischen Kurs ein, mit dem sie spätestens in der Wirtschaftskrise ab 1929 erfolgreich auch in Wuppertal die sozialen Abstiegsängste besorgter Bürger bediente und Wahlstimmen einfangen konnte.

Demokratie auf Abwegen. Schule und Zeitgeist vor 1933

„*Befinden wir uns im Jahr 1932?*" fragte unlängst der bekannte Historiker Michael Wildt in einer ebenso bekannten deutschen Wochenzeitung mit Blick auf den aktuellen *Rechtsruck* im Land. Nein. Geschichte sei nicht wirklich übertragbar. So die Antwort auf die selbst gestellte Frage: Zu groß die Unterschiede auf allen Ebenen. Aber die Rückbesinnung auf die historischen Umstände und Rahmenbedingungen der Machtübertragung an die Nazis sei tatsächlich wichtig, um die aktuelle gesellschaftliche und politische Lage angemessen und aufmerksam zu beurteilen. Spektakuläre Aufmärsche von Rechtsextremisten im Schulterschluss mit Rechtspopulisten und *besorgten Bürgern* gab es auch vor 1933, damals allerdings begleitet vom offenen Straßenterror uniformierter Verbände der SA. Wichtiger aber erscheint die Einsicht in den eher schleichenden Prozess der gesellschaftlichen Zustimmung zum Niedergang der Demokratie als Nährboden für den Faschismus in den Startlöchern: Ein Prozess vorauseilender Selbstgleichschaltung. Dieser lässt sich auch im Wuppertal der späten zwanziger Jahre auf sehr unterschiedlichen Ebenen beobachten.

Der Wuppertaler Historiker Winfried Herbers erzählte vor vielen Jahren einmal die Geschichte eines nur auf den ersten Blick bizarren Schulkampfes, der den ins Autoritäre kippenden Zeitgeist am Ende der Weimarer Republik eindrucksvoll abbildete. Anfang 1931 ereignete sich am Realgymnasium Aue, einer Vorläufereinrichtung des heutigen Wuppertaler Carl-Fuhlrott-Gymnasiums, ein Fall von sogenannter *Diszi-*

plinlosigkeit, die sich gegen die Symbole des alten Kaiserreiches richtete und mit einem unerwarteten Schulverweis endete. Da hatten nämlich die Untersekundaner Otto Funke und Ernst Hoffmann am 19. Januar bei einer Feier zur Reichsgründung von 1871 es doch glatt vorgezogen, weder die Nationalhymne mit zu singen noch beim *Hoch auf Volk und Vaterland* ergebenst aufzustehen. Beide Schüler stammten aus sozialdemokratischem Milieu, der eine ein Sohn des bekannten Redakteurs und Stadtverordneten Oskar Hoffmann in der gerade frisch fusionierten Stadt Wuppertal. Der Fall schlug erstaunlich hohe Wellen in Schule, Elternschaft und Öffentlichkeit. Mehrere Konferenzen und sogar ein Votum des fernen Provinzialschulkollegiums in Koblenz beließen die beiden beklagten Schüler zwar auf der Schule, bevor der geballt vorgebrachte Elternwille schließlich für den endgültigen Verweis von der Anstalt sorgte.

Was war passiert? Der Fall war ganz offenbar ins Blick- und Agitationsfeld der Wuppertaler Nationalsozialisten geraten, die unter den Schülern der städtischen Schulen inzwischen erfolgreich Stimmung für ihre Sache machten. Der Rektor befürchtete einen wilden Schulstreik, der gerüchteweise schon bestens vorbereitet wäre und bat das Provinzialschulkollegium um sofortige Hilfe. Eine inzwischen vierte Schulkonferenz unter dessen Vorsitz hob schließlich den Schulverweis zwar wieder auf und begnügte sich mit einer bloßen Androhung. Beide Schüler aber verließen trotzdem unfreiwillig die Schule. Sie schlossen sich in den Folgejahren dem Widerstand gegen den NS an. Hoffmann wurde schließlich von der Gestapo verhaftet, saß über 2 Jahre in Haft, floh anschließend ins Prager Exil und wurde später ein bekannter Philosoph und Historiker in Berlin. Funke kam von 1933 bis 1937 in Haft. Sein Vater, der KPD-Widerstandskämpfer Ewald Funke, wurde 1937 in Berlin-Plötzensee von den Nazis ermordet. Eine unscheinbare Episode? Wohl kaum. Vielmehr lässt sich dieser lokale Schulkampf als typisch für das gesellschaftliche Klima in der politischen Wendezeit vor dem Sommer 1932 interpretieren: Noch waren die Würfel gegen die Demokratie nicht gefallen, der autoritäre Zeitgeist aber befand sich auf dem Weg zur *Normalität*.

Gleichschaltung kommunal.
Die Herrschaftstechniken des Nationalsozialismus

„*Es kommt der Tag, und er kommt sehr bald, an dem Ihnen für Ihr schamloses Verhalten die Quittung ausgestellt werden wird, die Sie verdienen! Wir verlassen zum Protest gegen Ihre Handlungsweise den Saal.*" So klang der historische O-Ton von einem gewissen Franz Stöhr seines Zeichens Geschäftsführer der NSDAP-Fraktion im deutschen Reichstag. Ein Mann mit einem bezeichnenden Namen, der am 9. 2. 1931 bei seiner Rede-Adresse an die Zentrums-Partei im Deutschen Reichstag beileibe keine leere Drohung formulierte, wie sich sehr bald zeigen sollte. Ein Blick in die Geschichte macht erschreckend deutlich, welch wirksamer Herrschaftstechnik sich die Nationalsozialisten nach der Machtübertragung Anfang 1933 gerade auf kommunaler Ebene bedienten, wie schnell sie die öffentlichen Verwaltungen der Städte kaperten und schließlich durchdrangen. Parallel zum Terror der Straße verlief die *Gleichschaltung kommunal.*

Am 12. März 1933 verpasst die NSDAP bei den Kommunalwahlen in Wuppertal zwar um zwei Sitze die absolute Mehrheit, wird aber mit 37 Mandaten stärkste Partei im Stadtrat, deutlich vor der SPD (18) und der KPD (12). Danach geht alles sehr schnell. Zwei Wochen später schon werden bei der Stadtverwaltung 24 Beamte aus politischen Gründen zunächst beurlaubt und anschließend fristlos entlassen, darunter auch die Beigeordneten Dr. Wilhelm Bragard, Ernst Dröner und Prof. Geßler, während Dezernent

Carl Eberle schon direkt nach der Wahl in *Schutzhaft* genommen worden war, wie es anschließend lapidar hieß. Eine zweite Entlassungswelle folgte schon wenige Tage später: Nach dem Erlass des *Gesetzes zur Wiederherstellung des deutschen Berufsbeamtentums* vom 7. April 1933 konnten alle politisch unliebsamen Beamten, Angestellten und Arbeiter rigoros aus dem Dienst entlassen werden. Das bot die Handhabe, weitere 50 Beamte und Angestellte sowie 150 Arbeiter in den Tagen unmittelbar danach aus dem Dienst zu entfernen und durch bewährte Nationalsozialisten zu ersetzen. Sie nannten es *Säuberung*. Die entlassenen Stadtbediensteten erhöhten die Zahl der Arbeitslosen, die Ende 1932 bei ca. 59.0000 gelegen hatte.

Julius Friedrich

Nur ein Jahr nach der Machtübertragung geriet die kommunale Selbstverwaltung damit vollends zur Farce. Mit Beginn des Jahres 1934 schaffte das *Preußische Gemeindeverfassungsgesetz* dieses noch junge demokratische Prinzip sang und klanglos wieder ab. Künftig wurden die 24 Stadtverordneten nur noch auf Vorschlag der NSDAP vom Regierungspräsidenten direkt ernannt mit dem Auftrag der Beratung des künftig allein verantwortlichen Oberbürgermeisters. Das wars. Der Wuppertaler OB Julius Friedrich, seit 1931 im Amt, hatte es in vorauseilendem Gehorsam verstanden, den Nazis den Weg zu bereiten. Als einer der wenigen Oberhäupter einer deutschen Großstadt durfte er selbst im Amt bleiben: Ein kommunaler Steigbügelhalter der Machtergreifung, der erst später entnervt zurücktrat. Wieder ein Jahr danach trat eine erneut revidierte Gemeindeordnung in Kraft, die das sogenannte *Führerprinzip* nun vollends auf die Verwaltung übertrug. Damit war die kommunale Selbstverwaltung der Stadt Wuppertal nicht nur ad absurdum geführt, sondern im Sinne des Nationalsozialismus binnen 24 Monaten ausgehöhlt und gleichgeschaltet. Dieses Vorgehen zählte zum erfolgreichen Grundrepertoire der NS-Herrschaftstechnik. Innerhalb kürzester Zeit vollzog sich damit die Absicherung der Macht auf lokaler Ebene, in Wuppertal wie auch anderswo.

Bombennächte und Blitzangriffe. Wuppertal im Krieg

Bis zum Mai 1943 war die Stadt Wuppertal weitaus geringer als andere Städte vom Bombenkrieg betroffen: 27 Tote und 25 zerstörte Gebäude – die Stadt schien anders als die umliegenden Großstädte an Rhein und Ruhr von Angriffen aus der Luft weitgehend verschont zu bleiben.

Entsprechend gering sahen die wohl reduzierten Verteidigungsanstrengungen aus, die zunächst auf schweres Flakgeschütz verzichteten: Ein trügerisches Gefühl einer wie auch immer begründeten Sicherheit. Dies endete abrupt am 30. Mai 1943, dem Tag, als 600 britische Bomber – von Südwesten kommend – ihre vernichtende Fracht über dem Barmer Zentrum und den Barmer Südhöhen abwarfen und damit die Stadt sowie Teile von Ronsdorf innerhalb von nur einer Stunde in ein flammendes Inferno verwandelten. *Im Feuersturm* der Brandbomben bauten sich dabei ungeheure Flammenwände auf, die die Gebäude der Reihe nach zerstörten. Einen knappen Monat später traf das bis dahin noch verschonte Elberfeld das gleiche Schicksal: In der Nacht zum 25. Juni 1943 flog die britische Luftwaffe den nächsten verheerenden Luftangriff. Dort war die Zahl der Toten (1.800) aber deutlich geringer als in Barmen (3.400).

Der *totale Krieg* war in Wuppertal angekommen und Goebbels Vergeltungstiraden und Durchhalteparolen, wenige Tage zuvor noch in der Stadthalle verkündet, mit einem Schlag und für viele Menschen physisch spürbar nichts als dumpfe Rhetorik. Die Zentren der Wuppertaler Doppelstadt existierten nicht mehr, ausradiert im Verlauf weniger Stunden. Der Krieg gewann von nun an für die Wuppertaler Bevölkerung eine traumatische Qualität: 7.000 zerstörte und 4.500 schwer beschädigte Wohnhäuser – Schutt und Asche prägten das Bild der Ruinenstädte an der Wupper.

Ziel der britischen Angriffe war auf der materiellen Ebene die lokal aktive Rüstungsproduktion, auf der mentalen Ebene aber die Moral und der Durchhaltewille der zivilen Bevölkerung. „*Mittags stand ich am Toelleturm. Von hier hat man normalerweise einen weiten Blick über die im Tal liegende Stadt. Jetzt drang die Sonne nicht durch die weiße Rauch-*

wand, die alles umhüllte, es herrschte das Halbdunkel einer Sonnenfinsternis. Durchdringender Brandgeruch und Totenstille lagen über der Landschaft. Wie war es möglich, dass selbst hier oben auf den Höhen jede einzelne, inmitten von Gärten und Parks im Grünen stehende Villa zerstört war? (...) Uns schnürte sich das Herz vor Angst zusammen. Überall kamen uns Menschen entgegen, die am Ende ihrer Kräfte auf die Höhen zogen, kein Wort sagten und uns auf unsere Fragen nur antworten konnten: Alles kaputt." So ein Zeitzeuge.

War die Erfahrung des verheerenden Bombenkrieges aus der Luft zugleich ein mentaler Wendepunkt in der Erfahrungsgeschichte des Zweiten Weltkrieges? Bekannte Historiker wie Ulrich Herbert sahen das anders. „*Mit dem Feuersturm in deutschen Städten wollten alliierte Luftkriegsplaner Widerstand gegen Hitlers System schüren. Das ging nicht auf – im Gegenteil: Unter den Bomben entstand Durchhalte-Stimmung, NS-Organe konnten sich als Nothelfer inszenieren und banden das Volk ans Regime.*"

Wenn es diesen politisch-moralischen Wendepunkt tatsächlich nicht gegeben hat, stellt sich die Frage nach dem Warum. „*Aber die Leute waren ja viel zu erledigt, um das Geschehen überhaupt politisch zu begreifen. Sie konnten es auch deshalb nicht, weil das Entsetzen über die heimtückischen Phosphorbomben jede Sympathie für die Engländer zunichtemachte. (...) Ich wusste ganz klar: Jetzt war meine Kindheit zu Ende. Die Dinge, die gestern noch Gegenwart waren, würden von dieser Stunde an nur noch Erinnerung sein. Von nun an zählte nicht, was man alles verloren hatte, sondern nur, ob die Eltern und man selbst am Leben blieb.*" So fasste es der Wuppertaler Geschichtsdidaktiker Rudolf Schörken in seinen persönlichen Kindheitserinnerungen zusammen. Der Historiker Hans Mommsen bringt diesen Erfahrungszusammenhang so auf den Punkt: „*In der Stunde unmittelbarer Bedrohung und unvorstellbaren Grauens trat der Überlebenstrieb in den Vordergrund. Er befähigte die Einzelnen zu ungeheuren physischen Leistungen und die Gemeinschaft zu einer nie wiederkehrenden Solidarität und Hilfsbereitschaft.*" Unter dem Strich aber sei vor allem die Partei „*Nutznießer der spontan zu Stande gekommenen Notgemeinschaft* " gewesen. Demnach hätten die Bombenangriffe also weniger zu einer Schwächung des Durchhaltewillens als zur Stärkung des „*inneren Zusammenhalt des Regimes*" geführt.

Spätestens ab 1944 sahen sich auch die Schulen im *totalen Kriegseinsatz*. Neben den Maßnahmen zum Luftschutz (Einrichtung von Schutzräumen, Übungen und Schichtunterricht morgens bzw. nachmittags) und der partiellen Inanspruchnahme der Gebäude für militärische Zwecke wirkte sich der Kriegsalltag mit zunehmender Intensität auf die von Schülern an der *Heimatfront* zu erbringenden Dienste und Sammlungsaktionen aus. Gesammelt wurde alles, was sich als Wertstoffe weiter verwenden ließ wie Knochen, Altkleider, Lumpen, Papier, Metalle etc. Zu den *kriegswichtigen* Aufgaben der Schüler zählten auch die regelmäßigen Ernteeinsätze während der Ferienzeiten, aber auch während der Schulzeit. Dabei wurden in Wuppertal bei auswärtigen Arbeiten ganze Klassenverbände eingesetzt. Die Akzeptanz solcher Kriegshelfereinsätze, wie

Heilkräuter- oder Lumpensammlung war dabei eher ambivalent: einerseits stets dann unbeliebt, wenn sie nicht zur Unterrichtszeit auf dem Programm standen, anderseits eine Möglichkeit, den eigenen Platz in der *Volksgemeinschaft* einzunehmen und einen vermeintlich kriegswichtigen Beitrag zu leisten.

Ab Mitte 1943 wurden Schüler zwischen 15 und 16 Jahren als so genannte *Flak-Helfer* im sich intensivierenden Luftkrieg herangezogen. Betroffen waren zunächst die Jahrgänge 1926/27 später bis 1928, die durch Notdienstverordnung herangezogen werden konnten. Flakhelfer waren zwar der Schule, nicht aber dem Unterricht entzogen und wurden in der jeweiligen Stellung von eigens dafür abgeordneten Lehrern betreut und mit reduziertem Unterricht versorgt. Die Schulen in weiten Teilen des Bergischen Raumes wurden damit zu vorgeschobenen Posten an der *Heimatfront*.

Wie haben die Sozialisationsinstanzen Schule und Familie im Nationalsozialismus und im Krieg eigentlich funktioniert? Die Frage ist nicht leicht zu beantworten. Einer Rekonstruktion der Wirkungsgeschichte der NS-Erziehung sind insgesamt relativ enge Grenzen gesetzt. Zeitzeugenberichte betonen sehr häufig die *Normalität* des Schulalltags mit guten oder schlechten Lehrern, fern von nationalsozialistischer Indoktrination. Die Unterscheidung zwischen Realitätsgehalt oder nachwirkender Beeinflussung durch eben diese nationalsozialistische *Normalität* fällt dabei allerdings regelmäßig schwer. In der Rückschau von ehemaligen Schülern relativiert sich die beabsichtigte *Gleichschaltung* der Schule jedoch erheblich. Insgesamt war nämlich die NS-Schulpolitik eher eine Abfolge von propagandistisch aufgebauschten Maßnahmen und keineswegs Ausdruck eines planvoll umgesetzten weltanschaulichen Programms. Der Prozess konsequenter Disziplinierung, der eine massive Einschüchterung der Lehrerschaft bewirkte, war für das Klima an den Schulen und die Inhalte des Unterrichts sehr viel wichtiger als die Anweisung einzelner Erlasse zur Umorientierung des Unterrichts. Der NS-Erziehungsstaat war gleichsam eine eigentümliche Mischung aus fehlenden schulpolitischen Konzepten und gegenseitiger Blockierung von Parteiführern, Institutionen und konkurrierenden Ämtern. Mit anderen Worten: „*Die Familie blieb in der Regel dem ideologischen Zugriff entzogen, wohingegen die Schule sich diesem Zugriff teilweise öffnete, teilweise entzog, das hing weitgehend vom einzelnen Lehrer ab, während die HJ nichts anderes war als ein Instrument des direkten Zugriffs.*“ So formulierte es noch einmal in der Rückschau Rudolf Schörken, der von Ostern 1935 bis 1939 die Volkschule Emilienstraße in Barmen besuchte, um dann auf die Ernst-Moritz-Arndt-Schule in der Siegesstraße in Barmen zu wechseln.

Trümmerwüste und Chaos. Wuppertal nach dem Krieg

Bombenangriffe nahezu rund um die Uhr, Artilleriebeschuss und ein desaströser Wille zum Durchhalten markierten das verlustreiche Ende des Dritten Reiches, mit dem Ergebnis, dass Städte in Schutt und Asche lagen. Angeblich sollen die Bombardements auf Wuppertal auch hier den Widerstandsgeist der Bevölkerung (...) nicht erlahmt haben. Zeitgenössische Berichte vermitteln eine „*angeschlagene, aber nicht hoff-*

nungslose Stimmung". Tatsächlich jedoch dürften 1.848mal Bombenalarm und 126 Luftangriffe auf die Stadt bei der Bevölkerung eine eher demoralisierende Wirkung gezeigt haben. Der schwerste dieser fortgesetzten Angriffe traf am 13. März 1945 Heckinghausen, Oberbarmen und Langerfeld und kostete fast 700 Menschen das Leben. Das Dritte Reich und der *totale Krieg* führte die Deutschen in die totale Katastrophe: auf politischer, gesellschaftlicher, ökonomischer und moralischer Ebene. Sie wirkte tiefer und nachhaltiger als der verlorene Erste Weltkrieg und stürzte die Menschen ins Chaos: 6 bis 7 Mio. Soldaten in Gefangenschaft, 2 Mio. Soldaten und Zivilisten kriegsbeschädigt, 3 Mio. Obdachlose, 12 Mio. Flüchtlinge und Vertriebene auf der Flucht nach Westen, Fast 10 Mio. verschleppte Zwangsarbeiter auf dem Rückweg in die Heimatländer, Hunderttausende evakuierte Frauen und Kinder, Vernichtung von Leben, materielle Zerstörung, Entwurzelung, Hunger, Krankheit (...)

Aufräumen nach dem Krieg, aus:
Wuppertal im Kampf gegen die Not, 1947

Am 15. und 16. April 1945 befreiten amerikanische Truppen – von Ronsdorf aus – die Stadt und beendeten den Zweiten Weltkrieg in Wuppertal. Die Offiziere hatten schließlich auf sinnlose Endkämpfe verzichtet und NS-Oberbürgermeister Heinz Gebauer die geordnete Übergabe von Rathaus und Verwaltung an das 311. amerikanische Infanterie-Regiment veranlasst. Auch wenn in Wuppertal auf den selbstzerstörerischen *Kampf bis zum bitteren Ende* verzichtet wurde, für zahlreiche Menschen kam die Befreiung dennoch zu spät.

Am 13. April 1945 wurden 71 Häftlinge zu zweit an den Händen gefesselt in der Wenzelnbergschlucht bei Solingen brutal von der Gestapo durch Genickschuss exekutiert und in einer Grube verscharrt. Ebenfalls Gestapo hatte im März im Burgholz 30 Zwangsarbeiter, darunter 5 Frauen und ein sechzehnjähriges Mädchen durch Kopfschuss ermordet. In Ronsdorf waren junge fahnenflüchtige Soldaten exekutiert worden. Das System des Terrors hielt sich bis in die letzten Stunden. „*Als die Herrschaft der Nationalsozialisten zerfiel, lief das Regime Amok. (...) Die ‚Desperado-Aktionen' vieler Parteiaktivisten in den letzten Wochen zeigen, dass diejenigen, die ohne Regime keine Zukunft hatten, nur zu bereit waren, ihre Feinde mit sich in den Abgrund zu reißen, an alten Gegnern Rache zu üben, persönliche Rechnungen zu begleichen und dafür zu sorgen, dass kein Regimegegner über dessen Untergang triumphieren konnte.*" (Ian Kershaw 2011)

Die dann einmarschierenden GIs erblickten eine gefährliche Trümmerwüste und keine blühende Großstadt: „*Über-*

all liegen zerstörtes Kriegsgerät, Autowracks und umgestürzte Militärlastwagen. Blindgänger, Munition und Minen gefährden das Leben der Bevölkerung und der heranrückenden Soldaten." (Rudolf Schörken 2006) Zwischen den Ruinen in den Trümmerbergen herrschte in den ersten Nachkriegstagen und Wochen das blanke Chaos, ohne Orientierung, ohne Sicherheit.

Es kam – so wird berichtet – auch zu Rachezügen der drangsalierten Zwangsarbeiter aus dem Osten, die bisweilen planlos zuschlagend jede Gelegenheit zum Plündern nutzten. So stellte es jedenfalls der neue Chef der provisorisch reorganisierten Polizei, Franz Seyffahrt, rückblickend dar. Etwa 16.880 Zwangsarbeiter, vor allem Osteuropäer, verblieben noch für eine längere Zeit auf Wuppertaler Gebiet. Beim Plündern von versprengten Lebensmittellagern und Fleddern von Pferdekadavern trafen sie auf ausgehungerte Wuppertaler. Gewalttätige Übergriffe auf Passanten und entlegene Bauernhöfe waren selten, fanden aber tatsächlich statt: Der Überfall auf den Hof Brenken in Vohwinkel kostete 5 Menschen das Leben. Die gequälten ehemaligen Verschleppten und Gefangenen, die die Repressionen und den Regime-Terror des Alltags überlebt hatten, übten jetzt als *Displaced Persons* (DP) zum Teil wahllos Rache an der deutschen Zivilbevölkerung. „*Es war auch für Zivilisten ganz gefährlich, über die Straße zu gehen; wir hatten ja so viele Fremdarbeiter gehabt. In der Südstadt war fast kein Haus mehr da. Da musste man Angst haben, weil die auch plünderten.*" (Zeitzeuge) Solche Erfahrungen waren zwar real, grundsätzlich aber lag die Kriminalitätsrate unter den DP in den unmittelbaren Nachkriegstagen nicht höher als unter den Einheimischen. Die Meldungen über die angebliche Kriminalität von DP prägten allerdings noch Jahrzehnte später die kollektive Erinnerung der Deutschen. So „*waren sie offenbar willkommene Anlässe nicht nur zu nachträglicher Rechtfertigung der Behandlung vor allem der Ostarbeiter während des Krieges, sondern wurden Teil einer gigantischen Aufrechnung nach Soll und Haben, in der die Vertreibung der deutschen Bevölkerung aus den Ostgebieten gegen die Tätigkeit der Einsatzgruppen der SS in der Sowjetunion aufgewogen wurde, das Schicksal der deutschen Kriegsgefangenen gegen das der sowjetischen Kriegsgefangenen, der Einmarsch der Deutschen in der Sowjetunion gegen die Vergewaltigungen durch die russischen Soldaten und schließlich: die Plünderungen der Fremdarbeiter gegen ihre Verschleppung und schlechte Behandlung.*" (Ulrich Herbert 2014) Andererseits es gibt auch Erinnerungsfragmente an die grausame Behandlung von Gefangenen durch deutsche Soldaten: „*Ich habe es noch vor Augen, wie der Landser da mit einem Karabiner einfach auf die Soldaten eingeschlagen hatte, damit sie wieder in die Waggons gingen. Sicher, er musste seine Pflicht tun, er musste aufpassen. Er war Wächter, Soldat und Aufpasser. Aber für uns Kinder war es grausam, wenn man sieht, wie da Menschen geschlagen werden mit einem Gewehr, und sie haben nichts verbrochen.*" (Zeitzeuge) Auffällig ist, dass in Zeitzeugeninterviews zum Kriegsende Zwangsarbeit häufig nicht als ein Unrecht an sich gesehen wird. Zumeist kommt das Unverständnis zum Ausdruck, dass sich die *Fremdarbeiter* (so der Kollektivbegriff) wahllos an unschuldigen Menschen gerächt hätten. Eine politischmoralische Einordnung der Zwangsarbeiter-Problematik, des *Dritten Reiches* insgesamt und der Verbrechen des Systems fiel der durch NS-Schule und Krieg sozialisierten, zum Teil traumatisierten Bevölkerung selbst Jahrzehnte später noch schwer, geschweige denn unter den Bedingungen der sich überstürzenden Ereignisse und Herausforderungen der letzten Kriegstage und der unmittelbaren Zeit danach.

Der spätere Wuppertaler Oberstadtdirektor Hans Bremme beschrieb das 1947 rückblickend so: „*Als am 16. April plötzlich der Kriegslärm verstummte, da ging zunächst ein Aufatmen durch die gehetzte und gejagte Bevölkerung. Das Gefühl, dass nun die fast andauernden Alarme aufhören sollten, dass die unmittelbare, ständig über jedem schwebende Todesgefahr am Ende sei, bemächtigte sich aller.*"

Seuchen und Sehnsucht nach „Normalität"

Die Trümmerwüste der ehemaligen Stadt bestand aus 6.5 Mio. Kubikmetern Schutt und Ruinen, in denen noch immer mehr als 200.000 versuchten zu überleben. Neben der zivilen Wohnbebauung wurden auch die Betriebe vor allem in der Textil- und Bekleidungsindustrie und des Textilgroßhandels schwer getroffen: Totalschäden, zerstörte Warenlager. 50% aller Lebensmittelläden, 60% der Textilwarengeschäfte, 70% aller Schuh-, Haushaltswaren- und Möbelgeschäfte in den Wuppertaler Zentren waren vernichtet.

Die Erfahrung des Mangels war bei Kriegsende die Ausgangslage für eine Stunde null des Wirtschaftslebens. Es fehlte an Allem, nicht zuletzt auch an Arbeitskräften. Und diesen wiederum fehlte es an angemessenem Lohn und dem Geld insgesamt an Kaufkraft. Darüber hinaus verzögerten die Restriktionen der Militärregierung bei der Vergabe von Produktionsgenehmigungen (Permits) vor allem an größere Betriebe eine zügige Wiederbelebung der lokalen Wirtschaft, die sich nur ganz allmählich von den Kriegsfolgen erholte. Offiziell lag zwar die geschätzte Kapazität der Bergischen Industrie gegenüber dem Vorkriegsstand bei ca. 80%, tatsächlich genutzt werden konnten aber lediglich 30%. Der Wirtschaft insgesamt fehlte es nicht nur an Arbeitskräften sondern an materiellen Ressourcen: Roh- und Treibstoffe, Energieträger, Infrastrukturen – ein Umstand, der auch durch alte Wehrmachtsreserven nicht auszugleichen war. Die Energieversorgung existierte praktisch nicht mehr, das Trinkwasser war knapp, das öffentliche Leben insgesamt gleichsam abgeschafft. Die Amerikaner verhängten zunächst eine generelle Ausgangssperre: Pro Haushalt durfte vormittags und nachmittags nur jeweils eine Person die Wohnung verlassen, um notwendige Lebensmittel zu besorgen. Ein harter Lockdown.

Alltag in Trümmern, Foto: Privatsammlung Beatrix Klein

Es ging in diesen Stunden und Tagen in Wuppertal wie überall im Land also um nichts weniger als ums nackte Überleben. Zerstörte Häuser, desolate Versorgungslagen, eklatante Wohnungsnöte, verschärft durch zurückkehrende Evakuierte, einströmende Flüchtlinge und Vertriebene, Orientierungslosigkeit, Gefahren aller Art, menschliches Leid, bedrückende Not und eine *Kultur des über die Runden Kommens*, des Denkens und Überlebens von Tag zu Tag – dies waren die Rahmenbedingungen, unter denen sich das Alltagsleben unmittelbar nach Kriegsende neu zu finden und zu organisieren hatte. „*Wir hatten keine Zeit, uns zu fürchten*", beschrieb die Schriftstellerin Ingeborg Drewitz die Stimmung unter den Überlebenden, „*denn es ging um den nächsten Tag, um Feuerholz, um Wasser, um Rüben oder Kartoffeln, um Brot womöglich.*"

Der zeitgenössische Begriff des *Zusammenbruchs* bezeichnet dabei aber weniger ein plötzliches Ereignis, weniger den abrupten Kollaps als einen Prozess von längerer Dauer: „*ein sich über einen längeren Zeitraum hinweg vollziehendes Geschehen, das für viele Deutsche lange vor dem offiziellen Kriegsende begann und weit darüber hinaus andauerte.*"

Diese Landschaft aus Trümmern und Schutt prägte den äußeren Eindruck der Stadt und bestimmte den (Wohn-) Alltag ihrer zunächst etwa 250.00 Einwohner. Rund zwei Drittel aller Wohnungen waren entweder völlig zerstört oder aber schwer beschädigt: Die Stadtkerne von Wuppertal zu 50%, darunter zahlreiche öffentliche Gebäude total, die Arbeiterviertel zu 70%. Von rund 31.000 Wohngebäuden haben nur ca. 11.000 den Luftkrieg unbeschädigt überstanden. Noch 1946 war ein Fünftel der Wuppertaler Bevölkerung behelfsmäßig untergebracht. Die Lage verschärfte sich noch durch den Zuzug der ehemals Evakuierten, die allmählich zurückkehren konnten, der Vertriebenen und Flüchtlinge aus dem Osten, die die Nachfrage nach Wohnraum aber künftig dramatisch erhöhten. Die ersten Flüchtlinge aus dem Osten trafen im Herbst 1945 in Wuppertal ein. Für etliche von ihnen war die Stadt lediglich eine Durchgangsstation, die Mehrzahl aber blieb und suchte Wohnraum.

Schon die Bereitstellung provisorischer Unterkünfte und die Versorgung mit dem Nötigsten brachten häufig Konflikte mit den einheimischen Ausgebombten, die dahinter eine nicht gerechtfertigte Bevorzugung der Umsiedler vermuteten. Mehr als 70.000 von ihnen fanden in den nächsten Jahren in Wuppertal eine neue Heimat. Alles, was sich in dieser Hinsicht also provisorisch nutzen ließ, wurde auch genutzt: Kellerräume, Baracken, Bunker, Lauben und Verschläge.

Behelfsunterkunft ohne Fenster, aus:
Wuppertal im Kampf gegen die Not, 1947

Die Wohnungsnot hatte eine kollektive Dimension der Erfahrung: Aus *Wohnen* wurde *Hausen*, aus Provisorien wurden Dauerlösungen. Das Erlebnis physischer Nähe war dabei prägend: die Menschen rückten zusammen – mit allen

Konsequenzen. Und dieses Gefühl der Enge war verbunden mit anhaltendem Hunger. Rationierte Lebensmittel gab es theoretisch auf *Karte*, aber die zugeteilten Mengen wurden nicht erreicht. Das Verfügbare unterschritt die notwendigen Überlebensrationen bei Weitem. Solche Erfahrungen hoben sich deutlich von der Mangelsituation im Krieg ab, da noch Ende 1944 1.750 Kalorien pro Person verteilt werden konnten, während es im April/Mai 1945 nur noch 1050 waren. Allerdings war der Hunger ein durchaus bekanntes Phänomen und die Versorgungslage der Kriegsbevölkerung schon ab 1943 angestrengt. Diese Werte sanken im Verlaufe des Jahres im Bergischen Land dann auf den Tiefpunkt von 650 Kalorien. Die Verteilung von Lebensmitteln scheiterte nicht zuletzt an den Transportschwierigkeiten. Und das, was es zu verteilen gab, war zumeist mangelhaft. Es fehlte an Milch, Gemüse und Obst, Kartoffeln und Fleisch.39 Im Juni 1945 wurde die Ernährungssituation gleichsam katastrophal: Die zugeteilten Lebensmittelrationen *auf Marken* ergaben gerade noch 517 Kalorien pro Tag und Person.

Zum Hunger kam die Kälte. Im *Katastrophenwinter* 1946/47, der ungewöhnlich früh eingesetzt und bis Mitte März bei bitterer Kälte angedauert hatte, fehlte es neben der Versorgung mit Lebenswichtigem vor allem an dringend benötigtem Heizmaterial. Die Haushalte wurden zwar offiziell mit vier Zentnern Kohle oder Braunkohle und 2,5 Zentner Steinkohle und Briketts versorgt, diese war jedoch von eher minderwertiger Qualität. Die Menschen froren und wurden krank. Dies beschreibt der Bericht einer britischen Ärztekommission, die die Wuppertaler Krankenhäuser besichtigt hatte: „*Fast jeder Patient des Krankenhauses hat ein beträchtliches Untergewicht. Die Gewichtabnahme beträgt manchmal 30–40kg, verglichen mit den vor dem Krieg festgestellten Gewichten.*" Mangelnde Hygienemöglichkeiten und Unterernährung schufen vor allem die Gefahr epidemisch verlaufender Krankheiten, wie dem *Fleckfieber*. Großangelegte Entlausungsaktionen der Bevölkerung mit DDT (Insektizid) konnten aber wenigstens diese Seuchengefahr verhindern.

„Mit einer Packung Chesterfield macht er meine Schwester wild“. Selbsthilfe und Sehnsüchte unter Trümmern

Wuppertal im April 1946: die Schwebebahn fuhr jetzt wieder auf voller Länge durchs Tal- ein besonderes Signal in Zeiten des kollektiv erfahrenen Mangels und der Sehnsucht nach *Normalität*, die auch neue Strukturen der Selbsthilfe entstehen ließen. Der provisorische (Schwarz)Markt für Konsumgüter des Alltags wurde jetzt gleichsam zum außerschulischen Lernort und relativierte ganz nebenbei das sonst gewohnte Verhältnis zur Legalität durch akzeptierte Formen der Grenzüberschreitung: Diebstahl, Hehlerei, Schattenwirtschaft waren nicht mehr tabu. Die rationierte Ökonomie war bestenfalls für den täglichen Grundbedarf da, jedes Extra aber musste auf Wegen jenseits der Legalität beschafft werden. „*Neu unter der alliierten Besatzung war vielmehr, dass die Mangelphänomene bis zum Frühjahr 1947 ständig wuchsen, dass das Bewirtschaftungssystem auch den Grundbedarf nicht mehr sichern konnte, sondern jedermann auf Selbsthilfe und Illegalität angewiesen war.*“ So formulierte es ein Wuppertaler Zeitzeuge in einem lebensgeschichtlichen Interview. Verbote existierten zwar (das Hamstern von Lebensmitteln und Teilnahme am Schwarzhandel standen unter Strafe), waren aber von einer nur provisorisch ausgerüsteten und personell unterbesetzten Polizei kaum kontrollierbar. Die Schwarzmärkte als Basare der Bedürftigen waren für die Menschen unter solchen Bedingungen überlebenswichtig und orientierten sich dabei vor allem an den Zigaretten-Marken der GIs. (*Mit einer Packung Chesterfield, da macht er mei-*

ne Schwester wild.) Für die *Generation der Ausgehungerten und Ausgebombten* wurden diese Nachkriegsmärkte zum festen Bestandteil des kollektiven Gedächtnisses. Sie waren zentral für eine Strategie des Überlebens in diesen Tagen und Wochen, was sich tief in der Erinnerung einprägte. Und der Schwarzhandel blühte: Goldene Armbanduhren gegen eine Büchse Schmalz – die *Schieber* machten gute Geschäfte mit der allgemeinen Not. Als sehr konkrete Schwarzmarkterfahrungen ergaben sich dabei Vorteile für Geld- und Warenbesitzer, gegenüber den deutlichen Nachteilen für Lohn- und Gehaltsempfänger. Aber diese Not machte auch zugleich erfinderisch. Die Wuppertaler wurden jetzt zu Tabakpflanzern (Balkon) oder Kaninchenzüchtern (Hinterhof) für den Eigenbedarf, der Wald zur Speisekammer (Pilze und Brennnesseln).

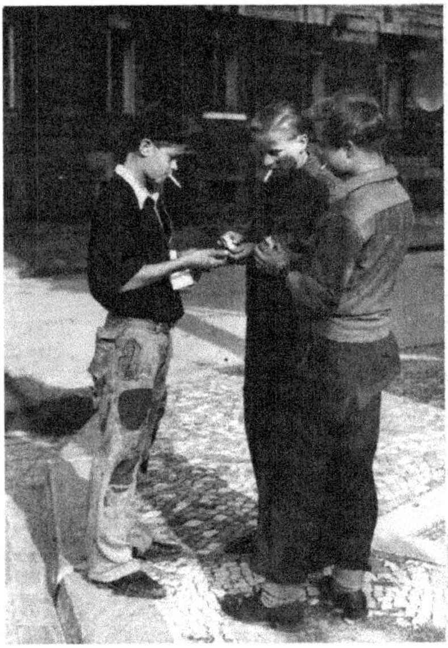

Schwarzmarkt, Jugendliche handeln mit Zigaretten

Die *Stunde null* war vor allem die Stunde der Frauen (Mythos *Trümmerfrauen*). Ohne die Frauen wäre die Aufbauarbeit der Nachkriegszeit unmöglich gewesen: sie waren es vor allem, die das Überleben unter den Bedingungen des Mangels und der Not *organisierten*: Beschaffen von Nahrungsmittel (Hamstern, endlos Schlange stehen) und Brennstoffen (Holzsammeln im Wald und in den Trümmern), Rationieren von knappen Lebensmitteln, Agieren auf dem Schwarzmarkt u.a.m. Denn die Gesetze des Schwarzmarktes (Warentausch statt Geldverkehr) bestimmten das wirtschaftliche Handeln. Lohnarbeit verlor für das Überleben unter solchen Bedingungen an Bedeutung; denn trotz Löhnen wurde gehungert. Für ein Wochensalär gab es nicht mal ein Brot. Das bedeutete, dass die *männliche Sphäre* der Produktion für das unmittelbare Überleben weniger relevant war als die reproduktive Tätigkeit der Frauen.

Zwei Monate nach dem Einmarsch der US-Truppen wurde das Stadtkommando an die Briten übergeben (14.6.1945) und die Stadt damit zum Bestandteil der britischen Besatzungszone. Im Juli wurde ein Beirat aus Parteienvertretern eingerichtet, die selbst aber noch auf die offizielle Zulassung warteten. Nach einem kurzen Intermezzo der Gründung eines *Antifa-Ausschusses* durch Vertreter von SPD und KPD im April, der von den Amerikanern aber bereits einen Monat später verboten worden war, gingen politische Parteien wie die Christlich-Demokratische Partei (später CDU), die bürgerlich-liberale FDP oder das katholische Zentrum im Oktober 1945 in die Öffentlichkeit. Bis zu den Wahlen am 13.

Oktober 1946 blieb eine von den Briten einberufene provisorische Stadtvertretung, die aus 30 Vertretern der alten Parteien (Zentrum/SPD/Kommunisten) und der neu gegründeten Parteien (CDU, FDP) sowie aus Vertretern der organisierten *Zivilgesellschaft* (Gewerkschaften, IHK, Kirchen...) zusammenstellt worden war, im Amt. Im ersten frei gewählten Stadtrat dominierten dann die Sozialdemokraten mit Robert Daum an der Spitze, der das Amt des Oberbürgermeisters schließlich bis 1951 innehatte. Das öffentliche politische Leben gewann relativ schnell die von den Siegermächten gewünschte Kontur.

Das Alltagsleben der Menschen zog nur mühsam nach. Schulen waren in der Perspektive der Alliierten vor allem die Orte, an denen die *Reeducation* der Generation der Jahrgänge 1935 bis 1939 im demokratischen Geist stattfinden sollte. Allerdings war während der verheerenden Bombenangriffe auf Barmen, Ronsdorf und Elberfeld das Gros der Schulgebäude beschädigt (36) oder vollständig zerstört (40) worden und damit etwa die Hälfte der 154 Schulgebäude in Wuppertal schwer getroffen. Ab August konnten die Kinder dann aber wieder zunächst die Volksschulen besuchen. Damit kehrte formal Struktur in die Tagesabläufe der Familien zurück. Kennzeichnend für die Lage dort war aber die dramatische Verelendung der Kinder und Jugendlichen durch Traumata, katastrophale Ernährungssituation und daraus resultierenden Krankheitsbildern. Frierend und hungernd konnte die ständig wachsende Zahl verelendeter und traumatisierter Kinder nur durch regelmäßige, aber dürftige Schulspeisungen einigermaßen bei Kräften gehalten werden. Solche Mahlzeiten bestanden zumeist aus einer Suppe aus Erbsenpulver, Biskuits oder Schokolade gerührt, um die dringendsten Bedarfe zu decken. Einer Untersuchung der Wuppertaler Stadtverwaltung folgend haben noch 1946 etwa 55.000 Schulkinder täglich einen halben Liter warme Suppe erhalten.

Die „lange Stunde null" und die „Normalität"

„*Wer den Krieg überlebt hatte, dem war seine alte ‚normale' Realität in Trümmer gefallen, und er musste sich inmitten von Trümmern ein neues Leben aufbauen.*" So formulierte es Günther de Bruyn-Ouboter in seiner Geschichte der Stadt Barmen. Aber wie sollte diese Normalität aussehen? In der Bewertung von Zeitzeugeninterviews etwa wird Normalisierung in der Regel verstanden als ein "*Prozess des Übergangs zu einer relativ geordneten bürgerlichen Gesellschaft, in der Menschen vor unrechtmäßigen Übergriffen des Staates geschützt leben und ein Minimum an wirtschaftlicher und sozialer Sicherheit genießen.*" Dieser *Übergangsprozess* war von Dauer. Die später so apostrophierte *Stunde null* zog sich über viele Wochen und Monate, nicht zuletzt spürbar auch an der Wiederbelebung der innerstädtischen Mobilität, des Verkehrs- und Transportwesens. Kraftfahrzeuge fuhren auch auf den schuttfreien Straßen wegen des Treibstoff- und Reifenmangels kaum, die Gleisanlagen der Reichsbahn waren gerade im Wuppertaler Bezirk zu etwa 33% zerstört, Lokomotiven, Stellwerke, Brücken, Gleise waren stark beschädigt oder vollständig unbrauchbar. Dennoch blieb die Eisenbahn zunächst das wichtigste Verkehrs- und Transportmittel unmittelbar nach Kriegsende. Erst Ende Mai 1945 konnten die ersten Straßenbahnen wieder fahren. Die desolate Lages des Verkehrswesens traf vor allem den Teil der werktätigen Bevölkerung besonders hart, der seine Versorgungslage nicht durch Tauschgeschäfte auf dem Schwarzmarkt oder *Hamsterfahrten* aufbessern konnte. *Normalität* (oder was man unter solchen Bedingungen dafürhielt) stellte sich erst ganz allmählich wieder ein.

Robert Schnell, Schriftsteller

In einer Stadt, in der – wie in kaum einer anderen – ein funktionierender Personennahverkehr von vitaler Bedeutung für das städtische Leben war, knüpfte sich dieses kollektive Empfinden besonders stark an die funktionierende Schwebebahn. Und die fuhr zunächst auf kurzen Teilstrecken, ab April 1946 dann wieder auf voller Länge. Recht frühzeitig zog der Wuppertaler Maler und Schriftsteller Robert Schnell, der 1944 desertiert war, in der Rückschau auf die unmittelbare Nachkriegszeit in Wuppertal eine reichlich desillusionierende Bilanz: „*Schon*

1945 bei meinem Wuppertal-Besuch begrub ich meinen jakobinischen Traum von einem durch Furien moralisch gefestigten Deutschland und irrte unter den Aufgescheuchten umher, für die der damalige geschichtliche Zustand eine unangenehme Unterbrechung ihres Erwerbslebens war. ‚Dies Volk ist hoffnungslos', las ich bei Heinrich Mann. Das traf mich zwischen stehengebliebenen Schornsteinen und Brandmauern."

Wenn man den Zeitgenossen den historischen Zustand also lediglich als Empfindung einer *unangenehmen Unterbrechung* unterstellt, dann konnte dies nur wenig mit dem proklamierten grundsätzlichen Neubeginn nach dem Ende des *Dritten Reiches* zu tun haben. Oder war dieses vernichtende Urteil nur die zugespitzte Sondermeinung eines *Außenseiters*?

Einerseits schuf sich offenbar auch die Wuppertaler Nachkriegsgesellschaft ihre Mythen wie den einer *Stunde null*, der bis heute das historische Selbstverständnis im Lande wie kaum ein anderer prägt. Dennoch hatte der Mythos einen konkreten Erfahrungszusammenhang. Der Historiker Ulrich Herbert wertet die historische Bedeutung in seiner *Geschichte Deutschlands* im 20. Jahrhundert so: „*Nie zuvor in der deutschen Geschichte der Neuzeit hatte es einen nachhaltigeren, tiefer greifenden Einschnitt gegeben als in diesem Moment. Und bei allen Elementen von Kontinuität und Restauration, die sich später oder früher bemerkbar machten: Ein schärferer Bruch in Politik, Gesellschaft, Kultur und Recht war kaum denkbar. Insofern hatte schon der zeitgenössisch früh gebrauchte Begriff der Stunde null seine Berechtigung.*"

Wenn es denn diese *Stunde null* in einer zerstörten Großstadt wie Wuppertal gegeben haben sollte, so war sie vor allem geprägt von zahlreichen Widersprüchen, die auch in den Erinnerungsfragmenten von Zeitzeugen mehr oder weniger deutlich zum Ausdruck kommen. Es war ein von zahlreichen Kontinuitäten begleiteter Neuanfang, in dem die Erfahrung materieller Not die politisch moralische Reflexion der unmittelbaren Vergangenheit überformte. Diese *Kultur des Durchkommens* kannte die Entstehung neuer Solidarstrukturen ebenso wie einen latenten Hang zur Ausgrenzung von Fremden und war geprägt vom Nebeneinander von Solidarität und rücksichtsloser Rivalität. Vor allem aber: Die sogenannte Stunde null dauerte lange, am Rande anarchischer Zustände noch 2 bis 3 Jahre nach Kriegsende. Noch im März 1947 etwa kam es zu Hungerdemonstrationen, als sich 35.000 Menschen vor dem Wuppertaler Rathaus versammelten. Erst am 3. März 1950 endete schließlich die Lebensmittelrationierung, konnte endlich das städtische Ernährungsamt aufgelöst und damit auch ein Kriterium von *Normalität* erfüllt werden.

Willkommenskultur in Trümmern. Flüchtlinge 1945

Bis zu 14 Millionen Menschen mussten ab 1945 ihre Heimat in Ost- und Ostmitteleuropa verlassen. Es war vermutlich die größte *Völkerwanderung* seit der Antike. Unmittelbar vor und im Verlauf des Zweiten Weltkriegs sowie in den Jahren danach verloren insgesamt bis zu 60 Millionen Menschen in Europa ihre Heimat. Die Deutschen bildeten davon eine, wenn auch die größte Gruppierung. Diese *Völkerwanderung* hatte eine europäische Dimension.

Die neuere historische Forschung zum Thema hat zuletzt unterstrichen, dass die Integration der Millionen Flüchtlinge und Vertriebenen oft schwere Auseinandersetzungen und Konflikte mit sich brachte. *Willkommen*, waren die verarmten, oft fremd wirkenden Flüchtlinge bei den Alteingesessenen tatsächlich nur selten. Dabei stellte vor allem die Unterbringung der Vertriebenen zunächst die schwierigste Aufgabe dar. Rund zwei Drittel aller Wohnungen in Wuppertal waren bei Kriegsende entweder völlig zerstört oder aber schwer beschädigt: Die Stadtkerne zu 50%, darunter zahlreiche öffentliche Gebäude total, die Arbeiterviertel zu 70%. Noch 1946 war ein Fünftel der Wuppertaler Bevölkerung nur behelfsmäßig untergebracht. Die Lage verschärfte sich noch durch den Zuzug der ehemals Evakuierten, die allmählich zurückkehren konnten, und der Vertriebenen und Flüchtlinge aus dem Osten, die die Nachfrage nach Wohnraum künftig dramatisch erhöhten. Die ersten trafen im Herbst 1945 in Wuppertal ein und fanden in zwei Lagern (Varresbeck und Opphof) Notunterkunft. Etliche von ihnen zogen weiter: Die Stadt als Durchgangsstation. Die Mehrzahl aber blieb und suchte Wohnraum. Doch schon die Bereitstellung provisorischer Unterkünfte oder die Versorgung mit dem Nötigsten brachte Konflikte mit den einheimischen Ausgebombten. Das Wort *Bevorzugung* machte die Runde. Am Ende des Jahres 1946 sind es insgesamt 4.000 Flüchtlinge, die die Stadt erreichen, aber nicht alle erhalten die notwendige Zuzugsgenehmigung.

Mehr als 70.000 Menschen fanden in den nächsten Jahren in Wuppertal schließlich eine neue Heimat.

Zwar kann man feststellen, dass sich die Integration der Vertriebenen insgesamt unerwartet rasch vollzog. Ebenso aber waren die Umsiedler massiv mit Feindseligkeiten der Einheimischen, Ausgrenzung und großer sozialer Not konfrontiert. Das änderte sich erst in den Jahren des Wirtschaftsbooms der frühen 50er. Der ökonomische Aufschwung der jungen Bundesrepublik, ein Boom, der nur mit Hilfe der ehemaligen Kriegsgegner (vor allem der USA) möglich wurde, bildete die entscheidende Rahmenbedingung, unter der sich die erfolgreiche Integration der Flüchtlinge und Vertriebenen dann letztlich vollziehen konnte und war wesentlich einflussreicher als die echten oder eingebildeten Leistungen der Deutschen insgesamt.

6. Zeitgeist(er) & Bürgermeister

Von Honoratioren und Meistbegüterten. Die Oberbürgermeister in der Wuppertaler Geschichte

Nach fünf Jahren Amtszeit wird regelmäßig in den Kommunen des Landes ein aktueller Oberbürgermeister entweder im Amt bestätigt oder abgewählt. Das ist gute demokratische Praxis und zentraler Bestandteil der kommunalen Selbstverwaltung, seit sie im frühen 19. Jahrhundert *erfunden* wurde; denn diese *Selbstverständlichkeit* von heute ist –wie die vertraute Infrastruktur einer Stadt insgesamt - ein eher jüngeres Geschöpf der neueren Geschichte. Bis 1806 wurden zum Beispiel die Stadtoberhäupter von Elberfeld immer am 1. Mai für ein Jahr gewählt. Theoretisch kam dafür jeder Bürger der reformierten Gemeinde infrage. Tatsächlich gelangten aber stets nur Mitglieder der reichen Kaufmannsfamilien ins begehrte Amt; denn das Ganze war ziemlich kostspielig. Die siegreich aus indirekter Wahl Hervorgegangenen saßen dann einem 12-köpfigen Stadtrat vor. Sogar drei Dezernenten gab es schon damals. Sie hießen allerdings *Gemeinsmänner* und gingen dem Bürgermeister hilfreich zur Hand. Ab 1806 unter französischer Verwaltung stand dann ein Direktor an der Spitze der Verwaltung, dem drei Beigeordnete und ein Polizeikommissar zugeordnet waren. Aus dem *Direktor* wurde später ein *Maire* (= Bürgermeister) im Ehrenamt, allerdings im Rang eines Staatsbeamten und damit in voller Abhängigkeit von der Obrigkeit. Der Stadtrat wurde zum *Munizipal-*

rat und tagte einmal pro Jahr, um den Haushalt der Stadt zu verabschieden. 1815 wurde das Großherzogtum Berg dann preußisch. Seit den Gemeindeordnungen von 1845 und 1850 konnte man nun tatsächlich von kommunaler Selbstverwaltung sprechen. Das klang ambitionierter, als es tatsächlich war, denn nicht alle Stadtbewohner durften mittun. Der Gemeinderat wurde jetzt nach Steueraufkommen gewählt. Aus dessen Reihen gingen die künftig besoldenden Bürgermeister durch Wahl hervor. Amtszeit 12 Jahre. Bürgermeister und bezahlte Beigeordnete (6 Jahre) waren aber erst dann im Amt, wenn der preußische König sie zu guter Letzt bestätigte. 1856 trat auch für Barmen und Elberfeld eine neue Städteordnung in Kraft. 30 Stadträte wurden nun nach dem Dreiklassenrecht gewählt. Das funktionierte so: Die Steuerpflichtigen wurden in drei Klassen aufgeteilt. Rund vier Prozent der höchstbesteuerten Bürger wählte danach ein Drittel der Gemeinderäte. In der zweiten Klasse wählten rund 13% Steuerpflichtige ein weiteres Drittel der Stadträte, und die verbleibenden 83% der geringst Besteuerten wählten schließlich das restliche Drittel. Darüber hinaus musste in jeder Abteilung die Hälfte der Mitglieder Hausbesitz nachweisen können. Wer keine Steuern zahlte, blieb draußen. Dieses rigide Wahlrecht, das die bürgerlichen Honoratioren- und Unternehmerfamilien zu exklusiven Entscheidungsträgern der kommunalen Selbstverwaltung machte, galt bis 1918. Ein privilegierter Personenkreis wählte jeweils auf 12 Jahre die Oberbürgermeister, die alle wesentlichen Amtsgeschäfte erledigten und die Stadt gegenüber der Bezirksregierung vertraten. Im Zuge der Industrialisierung und Urbanisierung, der rapiden Entwicklung der Stadt, ihrer Infrastruktur und Verwaltung gewannen die besoldeten Beigeordneten jetzt an Bedeutung und Einfluss. Seit dem 2. März 1919 wurde dann der Stadtrat von Elberfeld und Barmen nach allgemeinem und gleichen Recht von Frauen und Männern ab 20 Jahren gewählt.

Die folgenden Beiträge werden in lockerer Folge einige auswählte Stadtoberhäupter der vergangenen zwei Jahrhunderte vorstellen, deren Namen heute etwas in Vergessenheit geraten sind. Wer waren die Personen hinter dem Amt? Woher kamen sie? Was haben sie bewirkt? Um es gleich vorab zu sagen: Wie das wirkliche Leben kennt auch die Geschichte von Städten die unterschiedlichsten Talente und Charaktere in dieser lokal herausgehobenen Funktion: zumeist karrierebewusste Männer, nur eine Frau, häufig fleißige Beamte, mal kluge, aber auch schlichte Köpfe, gern eifrige Erfüllungsgehilfen im Dienste der wechselnden Obrigkeit und später oft entschiedene Demokraten, die Spuren in der Stadtgeschichte hinterließen oder aber schnell wieder vergessen waren.

Johann Rütger Brüning. Urbanisierung und Selbstinszenierung

Johann Rütger Brüning, Gemälde von Johann Richard Seel,1844

Die Geschichte der Oberbürgermeister kennt solche, die als *One-Hit-Wonder* mit Mühe gerade eine Amtszeit überstanden, aber auch das Gegenteil: Vierundzwanzig Jahre lang höchster Repräsentant von Elberfeld – diesen Rekord schaffte im frühen 19. Jahrhundert ein gewisser Johann Rütger Brüning. Die Brünings waren eine Kaufmannsfamilie aus Radevormwald. Im August 1775 erblickte Sohn Johann Rütger das Licht der Welt. Kindheit und Jugend verbrachte er auf den höheren Schulen Elberfelds, lebte aber schon bald mit einem echten Handicap: Bei einem Schuss mit einer Armbrust verlor er das rechte Auge. Das hatte Auswirkungen auf die Berufswahl: Statt Theologie zu studieren, wurde er Kaufmann, übernahm nach dem frühen Tod des Vaters dessen Kommissionshandel mit Leinengarn und heiratete eine betuchte Kaufmannstochter. Im Alter von 27 Jahren wurde Brüning dann Ratsmitglied der Stadt Elberfeld und schließlich 1806 -auf ein Jahr befristet- zum Bürgermeister ernannt, bevor er als Stadtrichter amtierte. Im neuen Großherzogtum Berg unter französischer Vorherrschaft wurde Brüning dann zunächst einer von drei Beigeordneten und schließlich 1813 *Maire*, also Bürgermeister von Elberfeld per Dekret durch Napoleon persönlich. Das Ende der Franzosenzeit bedeutete für Brüning keinen Karriereknick: Er verblieb weiter im Amt und wurde vom Generalgouverneur zum *Oberbürgermeister* ernannt, ein Titel, den er auch behielt, als das Großherzogtum 1815 preußisch wurde. Das Amt ließ ihm wohl zunächst ausreichend Zeit für seine kaufmännischen Aktivitäten, die allerdings eher unglücklich verliefen und im Konkurs endeten. Zermürbt legte er 1823 sein öffentliches Amt nieder, bevor sich eine *Bürgerinitiative* für seinen weiteren Verbleib einsetzte. Zwei Jahre später sah man ihn wieder im Amt.

Nachdem die Gehaltsfrage zu seinen Gunsten neu geregelt war, konzentrierte sich Brüning künftig vollständig auf die Funktion als Oberbürgermeister einer preußischen Boomtown der Frühindustrialisierung.

In seine lange Amtszeit fiel die Ära eines aufstrebenden Bürgertums, das seinen immensen Reichtum vor allem der florierenden Textilindustrie verdankte und das sich nunmehr selbst zu inszenieren suchte: in repräsentativer Architektur und in ehrgeizigem Städtebau. An der neuen *Königsstraße* (heute Friedrich-Ebert-Straße) entstanden klassizistische Wohnhäuser als schmucke Stadtresidenzen, etwa für den Bankier Daniel von der Heydt, aber auch für Brüning selbst. Öffentliche Gebäude wie die Stadtwaage, das Schlacht- und Armenhaus waren Ausdruck des Bedeutungszuwachses kommunaler Selbstverwaltung und der Daseinsvorsorge in dieser Zeit. Und die blieb exklusive Angelegenheit des lokalen Großbürgertums. Man dachte tatsächlich *groß*, was sich in den Dimensionen des im Bau befindlichen neuen Rathauses, aber auch in übertriebenen städtebaulichen Fantasien wie der nach Mailänder Vorbild geplanten, großen Rundanlage des Königsplatzes (heute Laurentiusplatz) ausdrückte. Solch urbane Tagträume aber waren dem selbstbewussten Elberfelder Bürgertum dann doch zu groß: Der Plan verkümmerte auf dem Papier. Zu Brünings besonderen Verwaltungsleistungen zählte insbesondere der Ausbau des gesamten Verkehrs- und Straßenwesens, der kommunalen Einrichtungen (Stadtsparkasse, Feuerwehr), die örtlichen Schulentwicklung (Gewerbe- und Realschule), der Armenverwaltung und schließlich die Entstehung des Landgerichtes ab 1834. Solche Erfolge verschafften ihm aber nicht nur Freunde unter den Elberfelder Honoratioren. Für den Vorsitz der 1831 neugeschaffenen Industrie- und Handelskammer von Elberfeld und Barmen etwa kam er nach internen Diskussionen der Protagonisten ausdrücklich nicht in Frage.

Das mag daran gelegen haben, dass Brüning offenbar ein Meister der Selbstinszenierung war, der *seine* Verwaltungsleistungen akribisch aufzeichnen ließ und als frühe Blütenlesen eigener Verdienste in den *Annalen der Stadt Elberfeld* herausgab. Aus einem posthum gedruckten Nekrolog von 1840 geht hervor, dass Brüning bei einem seiner Berlin-Besuche in den Vorzimmern des Monarchen auch den Pionier-Plan einer Fusion der Städte Barmen und Elberfeld ins Gespräch gebracht haben soll. Klaus Goebel hat im Geheimen Staatarchiv Merseburg vor Jahren die Akten dazu gefunden und den Vorgang beschrieben. Was daraus wurde, ist bekannt, das Thema aber war damit in der Welt. Das Persönlichkeitsbild dieses widersprüchlichen Oberbürgermeisters aber war auch geprägt durch antisemitisches Denken und obrigkeitshöriges Handeln, das im politischen Klima der Zeit jegliche Opposition im Keim zu ersticken suchte und auf politische Beharrung setzte. Johann Rütger Brüning starb am 22. Juli 1837 völlig überraschend auf dem Heimweg in Unterbarmen im Hause eines Bäckers.

Königsstraße Elberfeld um 1820

Zwischen Aufstand und Seuche. Adolf von Carnap

Ende März 1850 zog der letzte von der Obrigkeit ernannte Elberfelder Oberbürgermeister, Adolf von Carnap, eine deprimierende Bilanz: Innerhalb weniger Monate waren in seiner Stadt insgesamt 554 Menschen ums Leben gekommen, nachdem sie an der Cholera erkrankt waren. Seine Amtszeit bis dahin war ohnehin turbulent genug verlaufen. Er stand mitten im Elberfelder Aufstand vom Mai 1849, hatte dort zwar versucht, ausgleichend zwischen den politischen Fraktionen zu wirken und sich dabei zum Gespött des jungen Friedrich Engels gemacht, der für einige Tage selbst auf den Barrikaden seiner Heimatstadt gestanden hatte. Der ängstliche Oberbürgermeister habe sich in den aufgeregten Tagen des Straßenkampfes in einer umgekippten Postkutsche verkrochen, um dem Zorn der revolutionären Arbeiter zu entgehen. So spottete Engels über einen Mann, der in tatsächlich wilder Zeit an der Spitze einer industriellen Boomtown gestanden hat.

Johann Adolf von Carnap wurde am 21. April 1793 in eine Elberfelder Familie mit Bürgermeister-Tradition geboren. Er heiratete die Fabrikantentochter Wilhelmina Platzhoff, verdiente sein Geld im *Baumwoll- und Speculationsgeschäft* und wurde schnell Mitglied der bürgerlich wohlhabenden Stadtgesellschaft, mit Ämtern in der Schul- und Gemeindeverwaltung, später im Direktorium des Deutsch-Amerikanischen Bergwerksvereins oder der Bergisch-Märkischen Eisenbahn. Ein insgesamt umtriebiger Mann des frühen 19. Jahrhunderts also, der auch bei Hofe den Ruf einer *vortrefflichen Gesinnung* als preußischer Untertan genoss. Das brachte ihm 1837 die Ernennung zum Elberfelder Oberbürgermeister ein. In den ersten Amtsjahren wechselten städtische Initiativen zur Entwicklung urba-

Johann Adolf von Carnap

ner Infrastrukturen mit regelmäßigen Wirtschaftskrisen ab. Die *Hungry Forties* von 1843 bis 1847 waren geprägt von massenhafter Arbeitslosigkeit und Armut, die das tradierte System der Armenfürsorge überforderten. Das wohlhabende Bürgertum mobilisierte Kapital zur Armenunterstützung, der Gemeinderat beschloss Maßnahmen zur Arbeitsbeschaffung, um Hungerkrawalle in der aufstrebenden Industriestadt zu verhindern. Wohltätigkeit als Mittel gegen sozialen Protest, dieses Kalkül ging auf bis zu den Unruhen der Jahre 1848/49, als sich die Lage rasch politisierte und die brotlosen Arbeiter und Handwerker auf die Barrikaden gingen. Adolf von Carnap mittendrin in seinem erfolglosen Bemühen, für Ruhe und Ordnung zu sorgen, als die Landwehr meuterte und preußisches Militär in der Stadt einrückte. Der OB wurde zur Zielscheibe des Zorns der Straße, persönlich bedroht, sein Haus demoliert, Gefangene aus dem Gefängnis befreit. Im Anschluss an die blutigen Feuergefechte mit dem Militär, das aber überraschend abrückte, verließ Carnap mit anderen funktionalen Eliten fluchtartig die Stadt. Nach dem Ende des revolutionären Intermezzos am Himmelfahrtstag wurde er von der Regierung aufgefordert, freiwillig zurückzutreten: Ein Zwischenspiel, denn schon im Dezember 1849 war er wieder im Amt. Die Hoffnung auf ruhigere Zeiten zerschlug sich aber schnell: Die letzten Amtsjahre waren geprägt vom Kampf gegen die Seuche – Cholera. Allein durch die *Asiatische Cholera* starben zwischen 1831 und 1871 in Preußen in wiederkehrenden Schüben etwa 380.000 Menschen. Solche Epidemien verbreiteten gerade deswegen Angst und Schrecken, weil über ihre sozialen und hygienischen Ursachen noch nicht viel bekannt war: eine Zeit der Krise ohne wissenschaftliches Expertentum. Naturwissenschaftliche Ansätze fanden ihre Deutungshegemonie erst Jahre später. Die lokale Obrigkeit führte noch einen zumeist aussichtslosen Kampf mit untauglichen gesundheitspolizeilichen Mitteln und hohen Opfern.

Als er 1851 die Neuwahl gegen den ortsfremden Herausforderer und Verwaltungsprofi Emil Lischke verlor, zog Adolf von Carnap nach Düsseldorf um, wurde dort noch Mitglied des Stadtrates, starb aber weitgehend unbemerkt von der Öffentlichkeit im Jahre 1871. In der historischen Erinnerung wurde er gern zum Sündenbock für den Elberfelder Aufstand vom Mai 1849 gemacht, ein Narrativ, das offenbar nicht zuletzt auf die Antipathie seitens der lokalen Eliten wie Daniel und August von der Heydt zurückging. Den Rest erledigte das kollektive Vergessen.

Emil Lischke. Dauerbrenner und Weichtierforscher.

Carl Emil Lischke stammte aus einer Kaufmannsfamilie in Stettin und wurde in dem Jahr geboren, als Napoleon Bonaparte gerade die sogenannte Völkerschlacht bei Leipzig verloren hatte, nämlich 1813. Schon im Alter von 21 Jahren startete der frischgebackene Jurist nach blitzschnellem Studium eine ungewöhnliche Karriere, die ihn bis ins Amt des Oberbürgermeisters der aufstrebenden Industriestadt Elberfeld führte, und das er beinahe 20 Jahre innehaben sollte.

Carl Emil Lischke

Zuvor hatte er Berufserfahrung bei Gericht und Auslandserfahrung in den USA als preußischer Gesandter gesammelt, der sich insbesondere um die Angelegenheiten von Auswanderern kümmerte, die es in diesen Jahren massenhaft ins Land der unbegrenzten *Möglichkeiten* zog. Auf dem nächsten Posten bei der Regierung in Düsseldorf lernte Lischke dann die Tochter des Elberfelder Bankiers Daniel von der Heydt kennen. Sie heirateten schließlich 1854: Ein biografisches Schlüsselereignis, das seiner künftigen Karriere einen erwartbar beachtlichen Schub verlieh. Noch im gleichen Jahr wurde er nämlich Oberbürgermeister der Stadt und blieb es beinahe zwanzig Jahre bis 1873. Dabei war der Start ins Amt nicht unumstritten und konfliktfrei, hatten doch immerhin rund 2.300 Bürger*innen schriftlichen Widerspruch gegen seine Wahl eingelegt. Das war ebenso einmalig wie ungeheuerlich für die politische Klasse. Dass der Mann aber etwas von Verwaltungsorganisation verstand, zeigte er schon bald, indem er die bis dato ehrenamtlichen Beigeordneten gegen besoldete Fachleute austauschte und die Bürokratie der inzwischen auf über 50.000 Einwohner angewachsenen Stadt damit grundlegend modernisierte. Das war auch nötig; denn um die

Mitte des 19. Jahrhunderts konnte nur der Kölner Raum mit der Wuppertaler Entwicklung in Sachen Städtewachstum mithalten. Das Ruhrgebiet schlummerte in diesen Jahren noch gleichsam im Dornröschenschlaf und verlebte ruhige Stunden vor dem Sturm der kommenden Industrialisierung und Urbanisierung. Ganz anders in Elberfeld und Barmen. Hier entwickelte sich einer der ersten großen Agglomerationsräume in Deutschland. Beide Städte schienen schier unaufhörlich zu wachsen. 1840 lag man mit zusammen etwa 42.000 Einwohnern noch auf dem sechsten Platz der größten Siedlungsräume in ganz Preußen. Nur 25 Jahre später hatte sich dieser mit nahezu 130.000 Menschen auf den dritten Platz vorgeschoben, direkt hinter Berlin und Breslau, das damals zum Deutschen Reich zählte.

Mit Emil Lischkes Amtszeit als Elberfelder OB begann die Phase professioneller Daseinsvorsorge und kommunaler Leistungsverwaltung im Wuppertal. Dies betraf zunächst die Armenfürsorge, welche zum sogenannten und europaweit kopierten *Elberfelder System* umgebaut wurde. Wie schon sein Vorgänger hatte es Lischke in seiner Amtszeit mit den wiederkehrenden Cholera-Epidemien zu tun, die im Jahre 1859 noch 875 Menschen das Leben gekostet hat. Sieben Jahre später fielen der Seuche sogar 912 Menschen zum Opfer. Die Angst ging um in der Stadt; denn noch waren die Ursachen der Epidemie nicht hinreichend erforscht, stand eine wissenschaftlich begründete Hygiene- und Gesundheitsbewegung erst in den Anfängen. Immerhin gab es seit 1863 ein neues städtisches Krankenhaus. Energieversorgung, Straßenbeleuchtung und hygienische Wasserversorgung zählten zu den wichtigen Infrastrukturentwicklungen einer Zeit, in der die Urbanisierung der exponentiell wachsenden Städte und Metropolen einsetzte.

Nach Dienstschluss pflegte der stramm nationalkonservative Oberbürgermeister ein eher ungewöhnliches Hobby: Er interessierte sich für die naturwissenschaftliche Weichtierforschung. Genauer gesagt, er betrieb mit Hingabe *Muschelkunde* und publizierte dazu zahlreiche Fachbücher, etwa über die japanische Meeres-Moluskel. Nach ausgedehnten Auslandsreisen brachte er stets neue Funde mit nach Hause und entdeckte immer wieder unbekannte Weichtierarten, was ihm die geneigte Aufmerksamkeit der einschlägigen Forschung und schließlich einen Ehrendoktortitel der Universität Bonn einbrachte. Kein Zweifel: Als Weichtierforscher war Lischke eine anerkannte Größe mit internationaler Ausstrahlung. In der neuen Wahlheimat Bonn starb er 1886, nachdem ihn die Stadt Elberfeld zuvor noch zum Ehrenbürger ernannt hatte.

Paul Hopf. Affäre und Karriere.

Er war kein Dauerbrenner im Amt eines Oberbürgermeisters. Gerade einmal neun Monate, vom 26.08. 1919 bis zum 25.06.1920, dauerte die kurze, aber heftige Amtszeit des Emil Rudolf Paul Hopf aus Spandau in Elberfeld. Der 1899 mit einer Dissertation über die *„rechtlichen Konsequenzen des Ehebruchs“* frisch promovierte Jurist, hatte nach seiner eigenen Hochzeit auf eine Karriere im Dienst der Stadt gehofft, als er dort zunächst besoldeter Beigeordneter, am 1. August 1919 dann zum Stadtoberhaupt gewählt und kurze Zeit später auch bestätigt worden war. Doch es kam anders. Schon seine Wahl, die erste nach der Revolution von 1918/19, verlief nicht reibungslos. Die vier Vertreter der USPD gaben aus Protest gegen den nationalliberalen Kandidaten leere Wahlzettel ab, die Mehrheits-Sozialdemokraten stimmten der Wahl -wenn auch etwas verschämt- zu. Hopf verkörperte in Person die Kontinuität der neuen Republik zu den alten Denk- und Machtstrukturen, und dies in einer Zeit der politischen und sozialen Umbrüche: Novemberrevolution 1918. Auch die politischen Kräfte der Beharrung, Monarchisten und Militaristen, formierten sich erneut. Hunger, Not und der Kampf für eine soziale Revolution trieb die Menschen auf die Straße, Streiks und Demonstrationen lösten einander ab. Nicht selten verliefen sie blutig. Am 13. März 1920 wurde der Generalstreik zur Verteidigung der jungen Republik gegen putschende Freikorpssoldaten in Berlin ausgerufen. Der *Kapp-Lüttwitz-Putsch* war der nach 100 Stunden gescheiterte, konterrevolutionäre Versuch, die Weimarer Republik von rechts zu stürzen. Im von Freikorps-Einheiten besetzten Elberfeld kam

Paul Hopf

es am 16. und 17. März zu blutigen Zusammenstößen von Arbeitern mit Reichswehr und Sicherheitspolizei. Etwa 60 Menschen verloren dabei ihr Leben. Zwei Wochen lang lag die Verwaltung der Stadt in den Händen eines Aktionsausschusses der Arbeiterparteien. Die Stadtverwaltung hatte es in diesen Monaten mit gravierenden Engpässen bei der Versorgung und Ernährung der Bevölkerung zu tun und handelte dabei bisweilen hilflos und mit einem gewissen Maß an Regelverletzung, ja krimineller Energie. So versuchte man auf dem Schwarzmarkt größere Mengen Benzin zu erwerben, in der Hoffnung, es mit einigem Gewinn wieder loszuwerden. Das *Unternehmen* ging schief: Die Verwaltung hatte sich nicht nur verspekuliert, sondern auch von ihren Geschäftspartnern *über den Tisch ziehen lassen*. Gewaltige finanzielle Verluste drohten durch Betrug. Die Lage wurde verschärft durch den Umstand, dass das städtische Kohlenamt in dringendem Verdacht stand, nicht nur illegal Holz angekauft zu haben, sondern auch an ebensolchen Abholzungen beteiligt gewesen zu sein. Diese Aktionen jenseits der Legalität gingen indirekt auf den Deckel des Oberbürgermeisters, der auch davon gewusst haben soll, dass öffentliche Gelder spekulativ in Aktien angelegt worden seien, immerhin zum Vorteil der Stadtkasse. Insbesondere über die potenziellen Verluste der illegalen Kraftstoffgeschäfte schossen in der Presse wildeste Spekulationen ins Kraut, die den Oberbürgermeister zwar persönlich aus der Schusslinie nahmen, aus seiner Amtszeit in Elberfeld aber letztlich eine kurze Episode machten: Am 25. Juni 1920 erklärte Paul Hopf entnervt seinen Rücktritt. Einen Tag später reklamierte sein designierter Nachfolger und dann letzte Elberfelder OB, Max Kirschbaum, keinen Zweifel *an der Lauterkeit seiner Gesinnung* zu haben und im Übrigen sein

Gedenken an „*einen Ehrenmann, dessen glänzenden Gaben, Tatkraft und selbstloser Hingube unsere Verwaltung manchen Erfolg zu danken hat.*" Der Elberfelder Kurzzeit-Oberbürgermeister aber fiel nun beruflich keineswegs ins Bodenlose. In der Weimarer Zeit machte Hopf dann doch noch beachtlich Karriere in der Landesfinanzverwaltung und wurde schließlich im Zuge der *Reorganisation* der Reichfinanzverwaltung 1933 von den Nazis zum Chef des Landesfinanzamtes in Düsseldorf erhoben. Damit hatte er den nächsten politischen Systemwechsel unbeschadet überstanden.

Heinz Gebauer. NS-Oberbürgermeister und die Praxis der Entnazifizierung.

„*Wer den Krieg überlebt hatte, dem war seine alte ‚normale' Realität in Trümmer gefallen, und er musste sich inmitten von Trümmern ein neues Leben aufbauen.*" So formuliert es einst die Geschichte der Stadt Barmen von Günter De Bruyn-Ouboter. *Normalität.* Damit meinte der Autor den Prozess des Übergangs zu einer relativ geordneten bürgerlichen Gesellschaft, in der Menschen vor unrechtmäßigen Übergriffen des Staates geschützt leben und ein Minimum an wirtschaftlicher und sozialer Sicherheit genießen konnten. Dies alles war in der sogenannten *Stunde null* nach der Befreiung vom Faschismus außer Kraft gesetzt. Die Menschen zahlten einen hohen Preis für den Krieg der Nazis.

Für viele, die im besiegten Unrechtsregime eine aktive Rolle gespielt hatten, als lokal prominente oder einfach nur *mitgelaufene* Parteigänger, gewann die Rückkehr zur ersehnten *Normalität* aber noch eine ganz andere Dimension, die ihren sinnfälligen Ausdruck in der Praxis der sogenannten *Entnazifizierung* fand. Schon in den ersten Nachkriegstagen machten sich die ersten belasteten Ex-Nazis auf eine regelrechte Jagd nach den begehrten Unbedenklichkeitserklärungen, die man im Volksmund auch *Persilscheine* nannte und standen gleichsam Schlange, insbesondere vor den Türen der Pfarreien, die solche Bescheinigungen ausstellen und damit die Rückkehr zu bürgerlicher Wohlanständigkeit ermöglichen konnten. Etwa 2,5 Millionen Deutsche wurden allein in Nordrhein-Westfalen *entnazifiziert* und erfuhren damit gleichsam ihre von Amtswegen attestierte Absolution. Gerade die Erklärungen von Kirchenleuten, dass man unbescholten sei, waren dabei besonders wichtig und Bestechungsversuche nicht unüblich. *„Als der Krieg zu Ende war, mussten die irgendwelche Zeugen bekommen, die bezeugen konnten, dass sie keine unangenehmen Zeitgenossen waren. Ein Ortsgruppenleiter war mit meinem Vater sehr bekannt von früher. Die waren zusammen im CVJM gewesen. Der kam also und wollte einen Persil-*

NS-Oberbürgermeisters in Uniform, Heinz Gebauer

schein. Und das konnten wir auch mit gutem Gewissen tun." So formulierte es vor einigen Jahren eine Wuppertaler Pfarrerstochter in einem lebensgeschichtlichen Interview.

Das obligatorische Entnazifizierungsverfahren sah insgesamt fünf Kategorien der Einstufung vor (Hauptbeschuldigte als Kriegsverbrecher; Belastete als Aktive und Nutznießer des NS-Regimes; Minderbelastete; Mitläufer und Entlastete). Auf *Bescholtene* warteten dabei abgestufte Strafen als *Sühnemaßnahmen*: von geringen Geldbußen bis zu zehnjährigem Arbeitslager. Über die Qualität dieser Entnazifizierungsverfahrens gibt das Beispiel des Ex-Burschenschafters, Ex-Juristen und Wuppertaler NS-Oberbürgermeisters Heinz Gebauer Auskunft. Der Mann hatte noch wenige Tage vor dem Einmarsch der Amerikaner erklärt, Wuppertal würde „*bis zum letzten Mann*" verteidigt, was dann glücklicherweise nicht Wirklichkeit geworden war. Angeordnete Sprengungen von Brücken und Versorgungsbetrieben wurden unterlassen. Er kam als NSDAP-Mitglied seit 1930 (Parteieintritt noch in der sogenannten *Kampfzeit*) und strammer Nazi mit der Einstufung in Kategorie 4 vergleichsweise *glimpflich* davon: Nach kurzer Haftzeit wurde er 1949 in Wuppertal wieder als Rechtsanwalt zugelassen und blieb bis zu seinem Tod 1955 in der Stadt, wo er ein Leben in neuer *Normalität* führen konnte.

Johann Gottfried Brügelmann. Unternehmer und Spion

Im 18. Jahrhundert war England gleichsam der Nabel der Welt: Kapitalismus und industrielle Revolution nahmen hier ihren Anfang, während Deutschland (besser: dessen zahlreiche Teilstaaten) noch auf der Stufe eines industriellen Entwicklungslandes verweilte. Alle führenden Erfindungen in Sachen Maschinenbau oder Fertigungstechnik stammten in dieser Zeit von der Insel. Britische Techniker und Tüftler hatten in allen Belangen die Nase vorn. Das hatte Folgen. Deutsche Industriespione schifften sich regelmäßig ein, um den Briten über die Schultern und auf die Finger zu schauen. Die Jagd auf Plagiate war bereits im Frühkapitalismus verbreitet. Einer dieser *Spione* war der 1750 in Elberfeld geborene Kaufmann und Textilunternehmer in Spe, Johann Gottfried Brügelmann, der von der Erfindung eines gewissen Richard Arkwrights gehört hatte, der im englischen Cromford, in der Provinz Derbyshire, eine mechanische Spinnmaschine gebaut hatte. In den 1780er Jahren gelang es Brügelmann, einen als Arbeiter getarnten, nahen Bekannten in Londoner Spinnereien einzuschleusen, um die Geheimnisse des *Waterframe*, der wassergetriebenen Spinnmaschine, zu lüften. Er selbst blieb der Sicherheit halber daheim.

Johann Gottfried Brügelmann, Portrait um 1800

Mit anderen Worten: Brügelmann ließ spionieren und verwertete die Ergebnisse: 1783 baute er am Angerbach in Ratingen eine florierende Garnfabrik, die er nach englischem Vorbild und ungeniert *Cromford* nannte. Und auch als Headhunter war er erfolgreich: einen englischen Facharbeiter warb er gleich mit ab. Brügelmann machte damit ein Vermögen, ließ sich ein dreistöckiges Wohnhaus im Bergischen Barockstil bauen und erhielt vom fernen Landesherrn, Kurfürst Karl Theodor von der Pfalz, den Titel *Kommerzienrat* verliehen. Immerhin stattete dieser dem umtriebigen Unternehmen von München aus eigens einen der wenigen herrschaftlichen Besuche in der Region ab. Der ökonomische Erfolg strahlte offenbar bis nach Bayern aus. Das war gut fürs Geschäft, Protektion und Privilegien damit gesichert. Brügelmann expandierte zügig, auch nach Elberfeld, wo er auf dem Hofkamp gemeinsam mit dem Bruder ein Textilgeschäft betrieb. Das nötige Kapital dafür hatte er: Die Heirat mit einer reichen jungen Witwe aus der Familie Bredt machte es möglich. Mit 48 Jahren erkrankte der Mann dann an hartnäckigem Rheuma und starb 1802 als einer der reichsten Männer des Rheinlandes in seiner neuen Wahlheimat Düsseldorf. Heute zählt man ihn gern zu den frühindustriellen Innovatoren und Pionieren, der die mechanische Spinnmaschine nach Europa brachte und verschweigt schon mal höflich das Plagiat.

Peter Nikolaus Caspar Egen. Kein großer Bahnhof für einen vergessenen Pionier der Eisenbahngeschichte

Die Geschichte der Wuppertaler *Tüftler und Pioniere* ist lang. Dieser zählt sicher zu den zu Unrecht vergessenen: Peter Nikolaus Caspar Egen, der im frühen 19. Jahrhundert eine bemerkenswerte Karriere vom Dorfkind aus ärmlichen Verhältnissen im Sauerland zum *Geheimen Regierungs- und Vortragenden Rat* im Preußischen Ministerium für Handel, Gewerbe und öffentliche Arbeiten hinlegte. Egen hatte sich schon früh autodidaktisch zum erfolgreichen Schulmeister in Halver und Soest, danach an der damals innovativen Realschule in Elberfeld weitergebildet und später ein viel beachtetes *Handbuch der Allgemeinen Arithmetik* geschrieben. Ein Mathematik-Genie also, mit klarem Blick für die künftige Entwicklung der Industrie. Und das Wichtigste: Egen war einer der einflussreichsten öffentlichen Befürworter und Promotoren einer Eisenbahnverbindung vom Ruhrgebiet ins Zentrum der aufstrebenden Textilindustrie nach Wuppertal, wo die Verkehrsprobleme der Zeit damals besonders intensiv diskutiert wurden. Dieser Ruf wird in der Regel dem umtriebigen Unternehmer Friedrich Harkort zugeschrieben, der allerdings zunächst mit einer von Pferden gezogenen Einschienen-Hängebahn nach dem Muster des englischen Ingenieurs Henry Robinson Palmer spekulierte, welche heute gern als Vorläuferin der Schwebebahn bezeichnet wird. Egen, Mitbegründer der ersten deutschen Eisenbahn-Aktiengesellschaft (*Deilthaler*), setzte prompt und erfolgreich den Plan einer dampfgetriebenen Schieneneisenbahn vom Ruhrgebiet nach Barmen, Elberfeld und nach Düsseldorf dagegen.

Bahnhof Steinbeck 1840

Kein Zweifel: Dr. Peter Nikolaus Caspar Egen war einer dieser Wuppertaler *Tüftler*, der nebenbei auch noch ausgefeilte Pläne zur effizienten Wasserversorgung der Bevölkerung entwickelte. Ein echter Eisenbahnpionier, der seine Karriere schließlich gekrönt sah, als er vom preußischen König Friedrich Wilhelm IV 1848 in ein hohes Staatsamt nach Berlin geholt wurde. Dass der preußische König mit der Berufung solch *neuer* und natürlich stramm monarchisch gesinnter Beamter insgesamt seine reaktionäre Politik gegen die bürgerliche Revolution festigen wollte, ist historisch wiederum ein anderes Thema. Der heute weitgehend vergessene Eisenbahnpionier aus dem damaligen Modernisierungszentrum an der Wupper konnte seinen Ruf allerdings nur kurz genießen. Er starb im August 1849 im Alter von gerade einmal 56 Jahren.

Johann Friedrich Wilberg.
Vom Inspekteur des Armenhauses zum Pädagogik - Pionier

Im 18. Jahrhundert war die Unterstützung der Armen in Stadt und Land exklusive Angelegenheit der Kirchen. Staat und Kommunen hielten sich weitgehend aus dieser *Kultur der Almosen* heraus. Das änderte sich im Zuge der Frühindustrialisierung, als die Not in den nun unkontrolliert wachsenden Industriestädten mit den herkömmlichen Mitteln der Armenfürsorge nicht mehr zu mildern war. Innerhalb dreier Jahrzehnte verdoppelte sich etwa die Einwohnerzahl von Elberfeld (1810: ca. 19.000, 1840: ca. 40.000), das diesen gewaltigen Zuwachs vor allem der Migration verdankte: Ein in Mitteleuropa zu dieser Zeit ungewöhnlich rasanter Wachstumsprozess mit Zuwanderung von Arbeitssuchenden vor allem aus dem oberbergischen, dem westfälischen und dem nordhessischen Raum. Migrationsprozesse aus wirtschaftlichen Motiven waren historisch stets die Regel. Auch in dieser frühindustriellen Boomtown gab es seit 1802 ein Armenhaus in städtischer Regie, das zugleich mit einer Schule verbunden war. Zum *Inspekteur* dieser Einrichtung wurde ein ehemaliger Schnei-

Friedrich Wilhelm Wilberg

dergeselle und später im ganzen Land bekannter Pädagoge bestellt, Johann Friedrich Wilberg, 1766 in Ziesar bei Potsdam geboren und früh von Eberhard von Rochow entdeckt, einem aufgeklärten Gutsbesitzer und Schulreformer im Brandenburgischen. Aus dessen Feder stammte der legendäre *Kinderfreund*, das erste deutsche Schullesebuch überhaupt.

Und dieser Wilberg, der in Elberfeld erfolgreich die *Armenschule* leitete, fand bald auch die Aufmerksamkeit der wohlhabenden bürgerlichen Gesellschaft in der aufstrebenden Industriestadt. Man attestierte ihm offenbar ein besonderes Geschick und Talent für pädagogische Zukunftsfragen. Die reiche Kaufmannschaft fand ihre Belange nämlich nicht mehr in der lokalen Lateinschule repräsentiert, die überdies nur noch ein kümmerliches Schattendasein fristete: Eine Frage der Inhalte und der Qualität. Und die sollte von der neuen *Privat-Lehranstalt für die Kinder aus den höheren Ständen* anders beantwortet werden. Dort sah der künftige Lehrplan kaufmännisches Rechnen statt Latein oder Griechisch vor. Die Anstalt wurde zum Lernort für das *wirkliche Leben*, der sogenannten *Realien*, mit Wilberg als ihr auserwählter Leiter mit Expertise. Diese neue Schule war aber nicht nur modern, sie war auch teuer und wandte sich damit exklusiv an den Nachwuchs der *besseren Gesellschaft* in der Stadt. Bildung war Standesprivileg und trennte die Bourgeoisie vom *gemeinen Volk*. Johann Friedrich Wilberg, der Pionier einer aufgeklärten Pädagogik, avancierte damit vom Inspekteur des lokalen Armenhauses zum Lehrer der Reichen. Und so ragte er aus einem Berufsstand heraus, der im frühen 19. Jahrhundert ansonsten ein reichlich kümmerliches Sozialprestige genoss. Beide, die Schule und ihr Direktor, verdienten sich schon bald aufgrund ihrer fortschrittlichen Lehrmethoden einen offenbar vorzüglichen Ruf weit über die Stadtgrenzen hinaus. Das Institut wurde nicht selten als Vorzeigeeinrichtung in Sachen Unterrichtsmethodik und Didaktik gehandelt.

Und die Realität? Aufschlussreich, welche Erfahrungen der Langenberger Unternehmersohn Eduard Colsmann in seinen Briefen festhielt. Entgegen der Theorie Wilbergs könne dort - so Colsmann - von Selbsttätigkeit und Eigenverantwortung der Schüler im Unterricht überhaupt keine Rede sein. Vielmehr handele es sich in der Realität des Alltags um das hinreichend bekannte System aus erzwungener Disziplin und Strafe, das wenig auf Kreativität oder gar schöpferische Erholung der Schüler setze, sondern – wie andernorts im Schulalltag üblich – den Rohrstock favorisiere.

Ohne Engels kein Marx. Aber der war (fast) nie in Wuppertal

„*Wir beide führen ein Compagnie-Geschäft.*“ So pflegte Friedrich Engels über seine - ein Leben lang währende - Beziehung zu seinem kongenialen Partner Karl Marx zu sagen. Sie trafen ein erstes Mal in Berlin aufeinander, der Unternehmersohn aus Barmen und der Philosoph und Gesellschaftstheoretiker aus Trier, der sich schon in den 1840er Jahren eine gewisse Berühmtheit in den Kreisen der kritischen Intelligenz geschaffen hatte und von Frankreich aus publizistisch tätig war. Anfängliche Skepsis wandelte sich erst später in gegenseitigen Respekt und schließlich schier grenzenlose Sympathie. Friedrich Engels, das sonst so selbstbewusst bis gelegentlich auch herablassend arrogant auftretende Multitalent aus dem *Wupperthale*, war für seinen neuen Partner Karl Marx Freund, Impulsgeber, Berater, Motor und nicht zuletzt materieller Unterstützer in einer Person. Zeit seines Lebens aber trat der *General* bereitwillig hinter die Person seines Freundes *Mohr*, wie er ihn nannte, zurück und spielte in eigenen Worten unverzagt bescheiden „*die zweite Fidel*". Zu Unrecht, wie manche Historiker und Engels-Biografen inzwischen übereinstimmend feststellen. Andere wiederum behaupten sogar: Ohne Engels kein Marx. Das ist nicht übertrieben, wie es der bekannte Amsterdamer Historiker Prof. Marcel van der Linden formulierte: „*Ohne ihn wäre der Marxismus niemals zu einem geschlossenen Weltbild geworden.*"

Beide Denker verbrachten ihr Leben zu einem Großteil fern der Heimat: im Exil, auf der Flucht oder im nicht unbedingt freiwilligen Auslandseinsatz für das Familienunternehmen. Die Reiserouten des staatenlosen Karl Marx und des ausgebürgerten Friedrich Engels bewegten sich kreuz und quer durch Europa, durch Metropolen und Provinzen: Paris, Brüssel, Köln, die Schweiz und Baden, Salford, Manchester und London. Nicht alle dieser Etappen synchron, sondern zumeist zwangsläufig voneinander getrennt. Räumliche Distanzen wurden durch intensive Briefkorrespondenz überbrückt: die Kommunikationsform der bürgerlichen Gesellschaft im 19. Jahrhundert. Die ungeheure Produktivität der Schreiber hinterließ ein wahres *Dickicht der Briefe* und damit historische Quellen von hohem Rang, die zum besseren Verständnis eines ganzen Jahrhunderts beitragen.

Ins Wuppertal, jener frühindustrielle Agglomerationsraum mit den exponentiell wachsenden Boomtowns Barmen und Elberfeld, dem *deutschen Manchester*, wie gelegentlich und dabei doch gehörig übertreibend gesagt wurde, ist Karl Marx (fast) nie gekommen. Nur einmal offiziell 1848, als die bürgerliche Revolution hier ein Vorspiel hatte und später noch einmal inkognito: Im April 1861 ist er auf der Durchreise in Elberfeld im Hotel Weidenhof abgestiegen und hat darauf in Barmen den Dichter Abraham Peter Carl Siebel, einen Bekannten seines Freundes Friedrich besucht. Das war es. Die empirische Feldforschung über die Ausprägung des modernen Kapitalismus, den er früh und meisterhaft analysierte, überließ er weitgehend seinem Partner Engels. Und dieser betrieb seine Erkundungen über *die Lage der arbeitenden Klasse* am Sitz des Familienunternehmens Ermen und Engels in englischen Salford, einem Arbeiter-Vorort von Manchester. Dort begab er sich nach Feierabend in die heruntergekommenen Slums der irischen Fabrikarbeiter, lernte hier in den Milieus seine Lebensgefährtin Mary Burns kennen und gewann damit Einsichten in Lebenswirklichkeiten, die Karl Marx in dieser Authentizität und Dichte vollständig fehlten. So entstand eine empirisch dichte und brillante Sozialreportage über die Verlierer der Modernisierung als geradezu brachiale Abrechnung mit dem *Raubtierkapitalismus* der Zeit. Marx schätzte deren Methodenmix und klare Sprache in hohem Maße. Schließlich hatte er es nie in die Arbeiterviertel von Salford geschafft, und auch nicht wirklich ins *Wupperthal.*

Mary Burns. Die Frau, die Friedrich Engels prägte.

The Irish Hovel, aus:
The Life and Times of Queen Victoria, von Robert Wilson

Sie waren ein besonderes, aber kaum gewürdigtes Paar der Weltgeschichte, die irische Fabrikarbeiterin Mary Burns und der Fabrikantensohn Friedrich Engels, die gemeinsam einen Traum träumten, der die Welt einmal aus den Angeln heben sollte. Im Alter von 23 Jahren lernte Engels die 22jährige Mary kennen: Vermutlich geboren in Salford, einer schmutzigen Vorstadt des damaligen *Industriemolochs* Manchester, wie die *Shock City* von ebenso erschrockenen wie faszinierten Zeitgenossen gern genannt wurde. *Little Ireland* hieß dieser Slum auch wegen der hier wohnenden irischen Arbeiter wie

Marys Vater Michael, vermutlich ein Färber und ihre Mutter Mary Conroy, beide Einwanderer aus dem südirischen Tipperary. Mary Burns hat das harte Arbeitsleben in der Textilfabrik wohl schon im Alter von 9 Jahren kennenlernen müssen. Kaum 14 verstarb ihre Mutter. Edmund und Ruth Frow, Historiker aus Salford, vermuten, dass sie und Friedrich sich in der dortigen *Hall of Science*, einer sehr frühen Variante von Volkshochschule, kennen gelernt haben. Vermutlich habe sich Mary dort durch den Verkauf von Orangen einen kleinen Nebenverdienst verschafft. Andere Historiker spekulieren, sie habe dies eher durch Prostitution erledigt. Belege dafür fehlen. Es war die Zeit, da der junge Friedrich, ein vom liberalen Idealismus durchdrungener Bourgeois -vom Vater ins Familienunternehmen von Ermen & Engels nach England geschickt- begann, die andere Seite der kapitalistischen Gesellschaft zu entdecken. Mit Marys Hilfe fand er Zugang zu den Milieus der englischen Arbeiterklasse, ein folgenreicher Umstand, der einer biografischen Weichenstellung gleichkam.

Wenig durch Quellen Gesichertes ist allerdings über Mary Burns selbst bekannt. Vieles bleibt ebenso spekulativ wie auch widersprüchlich. Eleanore Marx beschrieb sie als „*hübsches, insgesamt reizendes Mädchen*". Roy Whitfield, ein englischer Historiker, hingegen vermutete, sie sei wohl eher plump und unattraktiv gewesen. Gesichert ist: Sie konnte kaum schreiben und nur ein wenig lesen, galt mithin im bürgerlichen Sinne als ungebildet, war eine politische Frau und unterstützte mit ihrer Schwester Lydia (Lizzie) gemeinsam den irischen Freiheitskampf. Vor allem aber hatte Mary die notwendigen Kontakte zum irischen Proletariat in den Slums von Little Ireland und Engels die Fähigkeit zur Analyse der Klassenverhältnisse. In seinem Pionier-Werk über *„die Lage der arbeitenden Klasse in England“* von 1845 hat er diese dann einer erstaunten Öffentlichkeit und einem schwer beindruckten Karl Marx präsentiert. Im Vorwort schrieb Engels: *„Ich habe die Gesellschaft und die Bankette, den bürgerlichen Portwein und den Champagner aufgegeben und meine Freizeit fast ausschließlich den einfachen Arbeitern gewidmet; ich bin glücklich und stolz, dies getan zu haben.“* Und Mary, eine junge und fröhliche Arbeiterin, oft mit einem Glas Stout in der Hand, war es, die ihn in eine Terra Incognita einführte, die weder er, geschweige denn sein Partner Karl Marx je zuvor je betreten hatten. Sie verschaffte Engels Informationen aus erster Hand.

Wie war das Verhältnis der beiden? Die Quellen geben dazu nicht allzu viel her. Engels hat Mary wohl als den Idealtypus der *proletarischen Frau* gesehen, vielleicht sogar in Gesellschaft von Freunden etwas überhöht dargestellt. In ihr sah er die Verkörperung des zukünftigen Frauentypus: selbstbewusst, kämpferisch, lebensfroh. Diese Idealisierung musste nicht allen gefallen, schon gar nicht seinen Eltern, denen gegenüber er die Beziehung geheim hielt. Und auch im Hause Marx war Mary eher ungern gesehen. Jenny Marx lehnte diese Frau an Engels Seite geradezu ab. Andere sahen das Verhältnis von Engels zu einer Proletarierin in der gelebten Praxis reicher Fabrikantensöhne, die sich auf diese Weise erotische Ausflüge in die Welt abhängig beschäftigter Arbeiterinnen genehmigten, indem sie ihre Stellung ausnutzten. Sie lebten eine offene Beziehung. Engels selbst lehnte die Institution der Ehe als zutiefst bürgerlich ab, stellte sie für ihn doch das im Kapitalismus beobachtete Klassenverhältnis im Privatleben dar. Die schwierige Position von Mary im Kreise der Engels-Freunde aber blieb nicht folgenlos: Während Friedrich im Juli 1846 nach Paris ging, kehrte sie zunächst nach Irland, dann nach England zurück. Unklar, was genau der Auslöser dazu war. Beide aber blieben in Kontakt. Die vier Jahre ohne Mary in Paris, Brüssel oder anderswo in Europa waren tatsächlich die *wilde* Zeit des Friedrich Engels, jedenfalls was den Kontakt zu Frauen angeht. Besonders die selbstbewussten Pariser *Grisetten* und deren sexuell freizügiger Lebensstil hatten es dem jungen Revolutionär offenbar angetan. Aber war Engels tatsächlich der von Tristram Hunt so herausgestellte Frauenheld, der die Phantasien für ein breiteres Lesepublikum weckte? Auch dazu geben die Quellen nicht sonderlich viel her. Fakt ist jedoch, dass Friedrich nach seiner Rückkehr nach Manchester Ende 1850 mit Mary an wechselnden Orten dauerhaft zusammenlebte. Affären mit anderen Frauen sind aus dieser Zeit, in der er ein Doppelleben zwischen bürgerlicher Gesellschaft und Familie am Stadtrand von Manchester mit den Geschwistern Burns führte, unbekannt.

Das Ende der Beziehung dieses ungleichen Paares kam urplötzlich. In der Nacht zum 7. Januar 1863 verstarb Mary Burns im Alter von gerade einmal 40 Jahren an einem Herzleiden, möglicherweise auch an einem Schlaganfall. Mit ihr starb, wie der Historiker William Otto Henderson befand, die Frau, die einst ihren Friedrich *„von einem unerfahrenen Jugendlichen zu einem jungen Mann gemacht hatte, der einen Sinn im Leben gefunden hatte“*.

Aloys Pollender. Barmer Armenarzt und tragischer Tüftler

Aloys Pollender, Armenarzt und Naturwissenschaftler

Das *lange 19. Jahrhundert* war eine Zeit der gesellschaftlichen, wissenschaftlichen und technischen Modernisierungsprozesse im Zuge der Entwicklung einer kapitalistischen Industriegesellschaft. Im Bereich der Naturwissenschaften, insbesondere der medizinischen Forschung, wurden dabei bahnbrechende Forschungsergebnisse auf den Weg gebracht, die sich mit Namen wie Rudolf Virchow, Robert Koch oder Max von Pettenkofer verbinden. Weniger bekannt und dennoch höchst bedeutsam war der Barmer Bakteriologe Aloys Pollender, der Entdecker des Milzbranderregers (Anthrax).

1799 als Sohn eines trunksüchtigen Kommunalbeamten geboren, erwarb er sich den Ruf eines tüchtigen Armenarztes mit Praxis in Wipperfürth, blieb ein Leben lang zumeist knapp bei Kasse und endete tragisch. Das lag nicht zuletzt an seinem großen Herz für die kleinen Leute, nach deren Behandlung er gern schon mal auf die Rechnungsstellung verzichtete. Dieser altruistische Mediziner hatte einen ausgeprägten Hang zur wissenschaftlichen Forschung, investierte große Teile seiner Honorare in spezielle Mikroskope, Prototypen des mikrotechnologischen Fortschritts der Zeit und entdeckte schließlich bei mikroskopischen Untersuchungen von Tierkadavern das hochgefährliche Milzbrandbakterium. Seinen Befund publizierte er 1855 in *Caspers Vierteljahrsschrift für gerichtliche und öffentliche Medizin*. Dieser Beitrag zur damals entstehenden Hygienebewegung und zur Seuchenbekämpfung war enorm, sein Ruhm hingegen blieb überschaubar: Eine Universitätskarriere wurde ihm von ministerieller Seite verweigert. Als 70jähriger heiratet Pollender schließlich eine 42 Jahre jüngere Fabrikarbeiterin und führt mit ihr eine morganatische Ehe. Dafür wird er aus dem Dorf gemobbt und gelangt über Düsseldorf und Brüssel zurück an seinen Geburtsort Barmen. Dort stirbt er 1879, völlig verarmt. Der einzige Sohn folgt ihm noch im Kindesalter ins Grab.

Herrmann Heinrich Becker. Die erstaunliche Karriere eines politischen Häftlings

Am 15. September 1820 wird in Elberfeld ein gewisser Hermann Heinrich Becker als Sohn einer Arztfamilie geboren, der es später zu einem der prominentesten Politiker im Rheinland und Westfalen des 19. Jahrhunderts bringen sollte. Innerhalb weniger Jahre gelingt ihm eine erstaunliche berufliche und politische Karriere vom zu Unrecht verurteilten und als *gemeingefährlich* eingestuften *Staatsfeind* zum hoch renommierten Politiker im Kaiserreich. Beckers schillernde Biografie ist die eines bürgerlichen Exponenten des 19. Jahrhunderts und entspricht in seinen widersprüchlichen Facetten der ganzen Ambivalenz seines politischen Standes zwischen Modernisierung, Anpassung und Beharrung. Diese Karriere ist deshalb so erstaunlich, weil sein Lebensweg über zahlreiche Nebengleise, Wege und gelegentliche Abwege mit widersprüchlichen biografischen Weichenstellungen auf der politischen Erfolgsleiter des Bürgertums dann steil nach oben führte. Den ebenso schmückenden wie aus anderer Perspektive despektierlichen Beinamen *der Rote* erhält er von Sympathisanten wie politischen Gegnern gleichermaßen wegen

Herrmann Heinrich Becker

seiner sozialpolitischen Grundeinstellungen, die er allerdings in wechselnden politischen Lagern vertreten konnte. Obwohl bestens bekannt mit Karl Marx und Friedrich Engels, sowie einer der Hauptangeklagten und schließlich Verurteilten im *Kölner Kommunistenprozess* von 1850 war er –wenngleich Mitglied im *Bund der Kommunisten*, einer Geheimorganisation von wandernden Handwerkern und emigrierten Intellektuellen - beileibe eben kein solcher. Karl Marx hatte für den Geheimbund das *Manifest der Kommunistischen Partei* geschrieben, ein Kernthema der politischen Differenzen mit Becker, der andererseits als Herausgeber einiger Aufsätze eben diesem Karl Marx Publizität verschaffte. So war Beckers prominenter Spitzname wohl eher seinem wilden roten Haupthaar geschuldet als der politischen Sache, für die er von der preußischen Justiz dann verurteilt wurde.

Sein geradezu atemberaubender Lebenslauf im Schnelldurchgang: renitenter Gymnasiast in Soest, illegaler Duellant, Schulabgänger wider Willen qua Verweis, Jura-Student in Heidelberg, Bonn und Berlin, progressiver Burschenschaftler, entschiedener Republikaner und Demokrat, enge Bekanntschaft mit Friedrich Engels und Wilhelm Wolff, Mitglied der Kölner Bürgerwehr, Redakteur und Mitbegründer der auflagenstarken, antipreußischen Westdeutschen Zeitung, prominenter 48er Revolutionär im Kölner Sicherheitsausschuss, Angeklagter im dortigen „*Kommunistenprozess*“ von 1850, verurteilt aufgrund gefälschter Beweismittel mit Verlust der bürgerlichen Ehrenrechte und Betretungsverbot der Stadt Köln, fünf Jahre lang politischer Häftling in einer Festung bei Danzig, gescheiterter Fluchtversuch, danach vollständiger Haftvollzug und schließlich Entlassung mit gravierenden Gesundheitsschäden - sein biografisches Schlüsselerlebnis.

Becker lässt sich als erfolgreicher Kaufmann in Dortmund nieder, wird Mitglied der Deutschen Fortschrittspartei und sukzessive ins Preußische Abgeordnetenhaus, in den Norddeutschen und später Deutschen Reichstag gewählt. Dort konvertiert er ins Lager der Nationalliberalen und wird zum glühenden Sympathisanten der Reichsgründungspläne von Bismarck. Dieser Politikwechsel eröffnet neue Karriereperspektiven: 1871 zunächst Oberbürgermeister von Dortmund, ab 1875 dann als OB von Köln Mitglied des preußischen Herrenhauses und vor Ort ein konsequenter Modernisierer, erfolgreicher Stadtentwickler sowie engagierter Sozial- und Wirtschaftspolitiker. Aber für Kölner vielleicht am allerwichtigsten: In seiner Amtszeit als Oberhaupt der Stadt wird 1880 der Dom fertig gestellt. Das sichert dem einst verbannten Lokalpolitiker mit Elberfelder Wurzeln schließlich einen festen Platz in der Stadtgeschichte und bringt sein Konterfei als kleine Skulptur an die Fassade des Kölner Rathauses. 1884 erkrankt der erst spät verheiratete rote Becker an Tuberkulose. Ein Jahr später verstirbt er, seit Haftzeiten *Risikopatient*, an dieser epidemischen *Krankheit der Armen* wenige Tage vor Weihnachten.

Wilhelm Marx. Reichskanzler, der mit Minderheiten regierte.

Wilhelm Marx, Portrait von Wilhelm Ritterbach 1924

Mit Minderheitenregierungen kannte er sich aus: Wilhelm Marx, Zentrumspolitiker in Elberfeld und von 1923 bis 1925 sowie 1926 bis 1928 Reichskanzler der Weimarer Republik. Der Sohn eines Volksschullehrers kam auf eine Amtszeit von insgesamt gerade einmal 38 Monaten. Aber genau die hatten es in sich: Ruhrkampf, Separatismus, Inflation, Eigenpolitik der Reichswehr, Regelung der Reparationen, Beitritt zum Völkerbund. Seine ersten drei Kabinette waren bürgerliche Minderheitenregierungen aus Zentrumspartei, Deutscher Demokratischer Partei, Bayerischer Volkspartei und Deutscher Volkspartei: Ein Gemisch aus katholisch sozialen, liberalen und völkischen Strömungen und damit typisch für die politische Kultur der Weimarer Zeit. Das vierte Kabinett Marx wurde schließlich bereits von reaktionären deutschnationalen Vertretern der DNVP ergänzt.

Minderheitenregierungen waren in der Weimarer Republik in der Tat die Regel, nicht die Ausnahme. Im Gegensatz aber zu durchaus erfolgreich experimentellen Varianten in der europäischen Geschichte beschreiben sie heute in der kollektiven Erinnerung der Deutschen geradezu die Misserfolgsgeschichte der kurzen Weimarer Republik: einerlei wie sehr sich deren bürgerliche Protagonisten auch um Ausgleich und Erfolg bemühten. Wilhelm Marx, der ab 1894 das Richteramt in Elberfeld ausgeübt und ab 1899 die Leitung des dortigen Zentrums-Vereins übernommen hatte, galt als katholisch konservativer Kommunikator, der moderierend und ausgleichend bis in die Sozialdemokratie hineinwirken wollte. Insgesamt keine Erfolgsgeschichte. Als Minderheitenkanzler war er schlichtweg darauf angewiesen, mit wechselnden Mehrheiten und dabei äußerst fragilen Toleranzen zu regieren. Als er sich dann auf Vorschlag von Friedrich Ebert 1925 als Kandidat der sogenannten *Weimarer Koalition* (SPD, DDP, Zentrum) um das Amt des Reichspräsidenten bewarb, scheiterte er - nicht zuletzt - am Widerstand aus dem eigenen katholischen Lager. Ein Schock mit Folgen. Paul von Hindenburg wurde deutscher Reichspräsident: Eine folgenreiche Weichenstellung für den kommenden Weimarer Untergang und die Machtübertragung an die Nazis.

Wilhelm Marx, der insgesamt zehn Jahre in Elberfeld lebte und arbeitete, wurde später mal als *idealtypischer Zentrumspolitiker* bezeichnet: ein pflichtbewusster Verwalter und konservativer Vermittler im Rahmen seiner politischen Möglichkeiten. Immerhin war er der Kanzler mit der insgesamt längsten Amtszeit zwischen 1918 und 1933. Die Nazizeit verbrachte er vollständig zurückgezogen und passiv in Bonn.

Karl Bühren.
Die traurige Geschichte eines Sportsfunktionärs vom Ölberg

Die Zwanziger Jahre des letzten Jahrhunderts zählten zu der Phase, als der Massensport seinen nachhaltigsten Schub erfuhr. Nicht nur der Fußball gewann in dieser Zeit sein begeistertes Publikum und eifrige Aktive, die sich ihm mit Haut und Haaren verschrieben. Breitensport ganz allgemein wurde zur gesellschaftlich relevanten Bewegung. Einen wesentlichen Beitrag dazu leisteten die internationale Arbeitersportbewegung und deren Protagonisten im Lager der Sozialdemokraten und der Kommunisten. Es waren dies neue Funktionäre, die in den zahlreichen Verbänden und Bünden der zwanziger Jahre eine wichtige Rolle als Drahtzieher, Multiplikatoren und Organisatoren spielten. Einer davon war der in der Elberfelder Nordstadt geborene, spätere Sozialdemokrat Karl Bühren, dessen Lebensweg ebenso erstaunlich verlief, wie dramatisch endete: Vom aktiven Widerständler gegen die Nazis zum tragischen Opfer des Stalinismus. Aber der Reihe nach.

1888 wurde Karl Bühren als Sohn eines Färbers geboren, wuchs auf dem Elberfelder Ölberg heran und absolvierte eine Lehre als Sattler. So weit, so unspektakulär. Der junge Bühren betätigte sich allerdings schon recht früh im neuen Arbeiter-Turn- und Sportbund (ATSB) und wurde dort noch vor dem Ersten Weltkrieg zum hauptamtlichen Bezirksfunktionär gewählt. Bühren überlebte den Einsatz an der Front, wo er bis zum Kriegsende Dienst schob, und machte im Anschluss daran eine erstaunliche Karriere als Sportfunktionär: 1921 hauptamtlicher Bundesturnwart des ATSB, der es damals auf die erstaunliche Zahl von über eine Mio. Mitgliedern brachte. Er schrieb zahlreiche Bücher über den Arbeitersport in Theorie und Praxis und schwang sich zu einem landesweit bekannten Organisator von großen Sportereignissen wie der Ersten Arbeiterolympiade 1925 in Frankfurt auf. Die Karriereleiter führte den Sozialdemokraten immer weiter nach oben: 1924 wurde er Bundeswart für Männerturnen und Sport und schließlich 1927 Bundessportwart.

Plakat zur Ersten Internationalen Arbeiterolympiade 1925 von Willibald Krain

Das Ende dieser erstaunlichen Karriere kam mit der Machtübertragung an die Nazis 1933, die den ATSB kurzerhand auflösten, verboten und dessen Mitgliedsorganisationen gleichschalteten. Schon im Mai floh Karl Bühren mit Frau Selma und seinem Sohn in die Tschechoslowakei. Im tschechischen Exil bemühte er sich vor allem um eine Überwindung der Spaltung von sozialdemokratischer und kommunistischer internationaler Arbeitersportbewegung, allerdings ohne nachhaltigen Erfolg. 1924 wurde er Bundesturnwart für Männerturnen und Sport und schließlich 1927 Bundessportwart. Enttäuscht über die Widerstände gegen einen gemeinsamen Widerstand, insbesondere aus dem sozialdemokratischen Lager, trat Bühren nicht nur in die kommunistische Rote Sportinternationale (RSI) ein, er emigrierte schließlich 1935 nach Moskau, nachdem er zuvor im März 1934 von den Nazis ausgebürgert worden war. In Moskau hielt er seine Familie als Sportdozent über Wasser, schloss sich allerdings keiner kommunistischen Partei an.

Das Leben im Exil spitzte sich ab 1937 dramatisch zu, als Bühren und seine Familie ins Räderwerk der stalinistischen „*Säuberungen*" gerieten. Der totalitäre Herrschaftsanspruch des Stalinismus konzentrierte sich neben vermeintlichen trotzkistischen Systemgegnern auch und vor allem auf die zahlreichen Ausländer:innen in der SU, die pauschal als subversiv verdächtig galten. Nachdem ein Ausreiseversuch nach Schweden 1937 gescheitert war, wurden Karl Bühren und sein Sohn, der inzwischen in Moskau Sport studierte, im März 1938 verhaftet. Die Anklage war bizarr: ausgerechnet der erklärte Antifaschist sollte angeblich gemeinsam mit seinem Sohn versucht haben, in Moskau eine Hitler-Jugend-Gruppe zu gründen. Außerdem wurden sie der Spionage beschuldigt. Dann verlor sich die Spur der beiden. Ihre Ehefrauen erhielt noch die hinhaltende Mitteilung, dass man sie zu zehn Jahren Arbeitslager mit Kontaktsperre verurteilt hätte. Der Hitler-Stalin-Pakt ermöglichte den beiden Frauen samt Enkelkind 1939 die Ausreise nach Deutschland. Erst als vor einigen Jahren die Akten des KGB-Archives zugänglich wurden, klärte sich ein tragisches Schicksal: Karl und Karl Friedrich Bühren sind im Sommer 1938 in Butowa nahe Moskau hingerichtet worden.

Anfang 1933. Der permanente finanzielle Druck der Wirtschaftskrise auf die eben erst fusionierte Kommune diente den Nazis nach der Machtübertragung als willkommenes Argument, die Wuppertaler Volkshochschule, diese demokratische Pionier-Einrichtung in Sachen *Bildung für alle*, am 1. April abzuschaffen. Einmal dabei löste der damalige Oberbürgermeister, Theodor Oskar Louis Julius Friedrich, gleich auch noch das städtische Orchester mit auf, wollte zudem Oper und Theater schließen.

Theodor Oskar Louis Julius Friedrich

Der Mann – seit 1931 im Amt – erledigte sein Werk zwischen Wirtschaftskrise, Massenarbeitslosigkeit, wegbrechenden Steuereinnahmen und SA-Terror auf der Straße ganz im Stile des Krisenmanagements der Zeit. Friedrich hat die Machtübertragung an die NSDAP als Gleichschaltung im D-Zug-Tempo nach Kräften forciert, die Verwaltung von unerwünschten Mitarbeitern politisch gesäubert und missliebige Dezernenten entlassen: Dies alles in vorauseilendem Gehorsam gegenüber den künftigen

Machthabern. Dieser nationalkonservative Kommunalpolitiker war zwar kein Nazi, aber ein Steigbügelhalter der Gleichschaltung, der sich immerhin bis 1937 im Amt halten konnte, bevor ihn ein strammer NS-Mann ersetzte. Nach dem Krieg erhielt der Ex-Oberbürgermeister von prominenter Seite einen *Persilschein*, der ihm Unbescholtenheit attestierte und war damit *entnazifiziert*. Ein deutsche Beamtenkarriere.

Aber zurück zur VHS. Mit Dr. Hannes Ebbers löste 1933 dort ein ehemaliger Dozent und junger, alsbald linientreuer Karrierist den bisherigen Leiter, Otto Romünter, ab. Dieser Ebbers hatte bereits in der demokratisch verfassten VHS seinen später erhofften Karrieresprung sorgfältig vorbereitet, Kollegen denunziert und Vorträge mit dem sicheren Gespür für den nationalistischen Zeitgeist gehalten: ein ebenso ambitionierter wie skrupelloser Mitläufer im Fahrwasser der völkischen Bewegung. Hannes Ebbers, Sohn eines Elberfelder Eisenbahners, absolvierte eine Banklehre in Elberfeld und studierte schließlich Kunstgeschichte und Philosophie. Er promoviert zum Dr. phil. mit einer Dissertation über *„Probleme des Unbewussten und der psychischen Realität"*. Daraus erwächst jedoch keine bürgerliche Bildungskarriere. Unter den Bedingungen einer hoffnungslosen Akademikerarbeitslosigkeit betätigt sich als ehrenamtlicher Dozent an der *Freien Hochschule für Erwerbslose* der Städtischen Mission in Elberfeld und ab dem 1. Januar 1932 dann als Dozent der Volkshochschule. Dort erhält er eine *Unkostenentschädigung* von 70 RM pro Semester. Seinen tatsächlichen Unterhalt verdient er durch Lehrtätigkeit an der Dieckmannschen

Privatschule in Elberfeld, die er aber angeblich wegen Überlast soweit reduzieren muss, dass er sich später als fast *ohne jedes Einkommen* bezeichnet. Im November 1933 stellt er in der Hoffnung auf berufliche Vorteile einen Aufnahmeantrag in die NSDAP und bewirbt sich in überschießendem Selbstvertrauen schon wenige Monate später auf die Stelle eines Leiters der Kulturämter der NSDAP und der Stadt Wuppertal: Trotz prominenter Fürsprecher allerdings erfolglos. Ebbers Karriere versandet, bevor sie richtig Fahrt aufnehmen kann. Die Anbiederungen von Opportunisten mit frischem Parteibuch sind selbst den Nazis suspekt. Ebbers wird schon bald als kommissarischer VHS-Leiter sang- und klanglos ersetzt. Danach verliert sich die Spur dieses verhinderten NS-Karrieristen.

Ewald Funke, Gedenkbuch für die NS-Opfer in Wuppertal

Im kompletten Gegensatz dazu steht der Lebenslauf eines Volkshochschul-Dozenten im politischen Widerstand, Ewald Funke. 1905 in Remscheid geboren, war er Ende der zwanziger Jahre Dozent für Volkswirtschaftslehre und Politische Ökonomie an der Volkshochschule. Funke stammte aus einer sozialdemokratischen Familie: Sein Vater war USPD-Stadtverordneter in Remscheid. Seine Mutter starb, als der Sohn gerade 16 Jahre alt war. Der Vater ermöglichte ihm noch den Besuch des Gymnasiums, das er aber nach der Obersekunda verließ, um eine Lehre als kaufmännischer Angestellter anzutreten. Schon als Jugendlicher war er intensiv mit politischer Arbeit befasst und ein Grenzgänger zwischen SPD, USPD und KPD. 1931 wegen *Zersetzungsarbeit* aus der SPD ausgeschlossen, trat er in die KPD ein und wurde nach der Machtübertragung an die Nationalsozialisten ein führender Koordinator des kommunistischen Widerstandes, der zum Teil im Exil geführt wurde. Bei einer Inspektionsreise nach Deutschland, um den Wiederaufbau der Partei einzuleiten, wurden Ewald Funke und sein Begleiter Franz Stingl von einem Spitzel verraten und verhaftet. Er legte nach brutaler Folter durch die Gestapo im KZ Dachau schließlich ein umfangreiches, erpresstes Geständnis ab. Sein Genosse Stingl war bereits den exzessiven Folterverhören zum Opfer gefallen.

Ewald Funke wurde am 16. August 1937 – trotz breiter Solidaritätskundgebungen im Ausland und Begnadigungsgesuchen von Prominenten wie Winifred Wagner – vom Volksgerichtshof zum Tode verurteilt. Das Urteil wurde dann am 4. März 1938 frühmorgens in Berlin-Plötzensee auf der Guillotine vollstreckt. Auch die letzte Ruhe war dem jungen Widerstandskämpfer und ehemaligen VHS-Dozenten nicht vergönnt: Sein Leichnam diente dem Anatomischen Institut der Universität Berlin zu *Forschungszwecken.* Seine verbrannten Leichenteile wurden an unbekannter Stelle in Berlin bestattet.

Hubert Tigges. Weltbürger aus Wichlinghausen und „Erfinder“ des Massentourismus

Auf Studienreise mit Hubert Tigges

Auch wenn er den Begriff nie so recht gemocht hatte, Dr. Hubert Tigges erfand die heute so populären Bildungs- und Studienreisen, und er tat dies Anfang des 20. Jahrhunderts in Wuppertal. Allerdings ging das organisierte Reisen auf den Engländer Thomas Cook zurück, der Mitte des 19. Jahrhunderts zunächst Fahrten für Abstinenzler-Vereine und Sonntagsschulen organisiert hatte, dann aber dazu übergegangen war, Sonderzugreisen zu den damals populären großen Londoner Ausstellungen zu veranstalten, um schließlich für die neuen städtischen Mittelschichten Fahrten auf den Kontinent anzubieten. Ferien waren im Zuge von Industrialisierung und Urbanisierung zu einem bürgerlichen Besitzstand geworden. Das Reisen galt im 19. Jahrhundert – très chic - als ein Privileg wohlhabender sozialer Schichten. Der ehemalige Wanderprediger Thomas Cook erkannte jetzt ein lukratives Geschäft und machte daraus ein erfolgreiches Unternehmen: Reisen für buchstäblich alle. Nirgendwo in Europa gab es dazu ein vergleichbares Pendant. Aber dann kam Hubert Tigges.

Als ältestes von 12 Kindern im sauerländischen Förde geboren, wächst er in bescheidenen Verhältnissen auf: Der Vater arbeitet hart in einer Dynamitfabrik, bringt mit viel Mühe die große Familie durch, ermöglicht es jedoch seinem Ältesten, einem Arbeiterkind und damit gegen den Trend der Zeit, ein Gymnasium zu besuchen. 1918 kehrt der ehemals freiwillige Rekrut von brutalen Fronterlebnissen völlig zermürbt aus dem industrialisierten Weltkrieg zurück. Ein biographisches Schlüsselerlebnis: Hubert Tigges schwört künftig jeder Form des Nationalismus ab und wird zum überzeugten Pazifisten. Der Vater kauft 1920 eine Kneipe in Wichlinghausen, Sohn Hubert kehrt dorthin zurück, verdingt sich nebenher auch als Hilfsarbeiter beim Rheinwerk und lehrt ab Sommer 1926 als Dozent an verschiedenen Volkshochschulen der Region: Eine damals neue Institution, die Bildung für alle versprach und damit zu den progressiven Errungenschaften der Weimarer Republik gezählt werden muss. Seine Studienreisen nach Paris, Versailles, in die Schweiz, nach Oberitalien und Venedig werden zum echten Publikumserfolg.

Weltbürger und radikaler Pazifist. Dieses Selbstkonzept passt allerdings nicht in das ideologische Sendungsbewusstsein von Volkshochschulen zu Beginn der 30er Jahre, als die Lehrpläne und Studienangebote gleichsam vorauseilend einem autoritär nationalistischem Zeitgeist angepasst werden. Tigges stört. Seine Demission von den Volkshochschulen der Umgebung ist ein Fallbeispiel für den schleichenden Niedergang demokratischer Strukturen lange vor der Machtübertragung an die Nazis. Ab 1930 arbeitet er deshalb in Sachen Tourismus komplett auf eigene Rechnung: Zunächst mit der Bahn, ab 1933 mit dem Autobus samt *Küchenanhänger*, Reiseleiter und *Fahrtenfrau*. Das Start-Up-Unternehmen brummt: Tigges, *ein deutscher Thomas Cook und Kosmopolit*, der die Nazizeit durch Unauffälligkeit *irgendwie* übersteht.

Nach dem Krieg. Der Pionier der Studienreisen entwickelt schnell einen Markenartikel, der offenbar dem Bedürfnis der Zeit Rechnung trägt: Reisen und Bildung als organisiertes Gruppen-Erlebnis. 1958, auf der Höhe des *Wirtschaftswunders*, veröffentlicht schließlich der Dichter Hans Magnus Enzensberger seine noch heute berühmte Tourismus-Kritik. Pauschales Reisen sei nichts anderes als der krampfhafte Versuch der kleinbürgerlichen Gesellschaft, *„den Finsternissen und Mietskasernen von Birmingham und Glasgow, von Bochum und Wuppertal“* zu entfliehen. Er nennt das *Zeit-Reisen mit Rückfahrtschein*. Hatte er Wuppertal gesagt? Für Tigges ein Kardinalfehler: Enzensberger hatte seine Wahlheimat beleidigt. Tigges verteidigte in der Folge denn auch weniger das individuelle Recht auf Reisefreiheit als vielmehr den diskreten Charme seiner Heimatstadt, der er Zeit seines Lebens treu blieb, obwohl es ihn doch stets nach Italien zog. Tigges, der gern großbürgerlich in einer Art *Castel del Monte* auf *dem Falkenberg* residiert hätte, kauft schließlich in der Mozartstraße ein Haus im Stil der Gründerzeit für seine vielköpfige Familie. Hier lebt er bis an ein tragisches Ende: Im Februar 1971 wird der Reise-Unternehmer beim Spaziergang von einem Lieferwagen überfahren.

Jürgen Kuczynski. Historiker und „fröhlicher Marxist“

Aus Elberfeld stammt einer der sicher renommiertesten deutschen Historiker aller Zeiten: Der 1904 geborene Jürgen Kuczynski, Kind aus einem ebenso berühmten jüdischen Elternhaus. Sein Vater, der damals international anerkannte Statistiker Robert René Kuczynski, wurde im gleichen Jahr Direktor des Statistischen Amtes in Elberfeld. Die Familie verließ das Wuppertal schon recht bald Richtung Berlin. Jürgen Kuczynski machte eine ungewöhnliche Karriere. Der Wirtschafts- und Geschichtswissenschaftler wurde später bekannt als einer der glamourösesten und populärsten Intellektuellen der DDR. Er war eine widersprüchliche Figur: Berater Erich Honeckers, mehrfach mit höchsten Ehren dekoriert und staatlich ausgezeichnet, galt er zugleich als einer der schärfsten Systemkritiker nach innen; 1958 ausgeschlossen aus der Volkskammer, Stalin-kritisch und unbequem, aufgrund seiner großen Popularität aber auch unantastbar. Als politischer Mensch war Kuczynski seit den 1920er Jahren erklärter Sozialist und seit 1930 Mitglied der KPD. Kautsky, Liebknecht, Luxemburg und die Sekretärin Lenins hatte er noch persönlich gekannt. Den

Jürgen Kuczynski

Nazis entkam er 1936 nur knapp durch rechtzeitige Flucht ins Londoner Exil. Nach dem Krieg bekleidete er zahlreiche wichtige Ämter in der DDR, mit deren *realem Sozialismus* er aber immer weniger anzufangen wusste. Es gelang Kuczynski dennoch mit einer Professur für Wirtschaftsgeschichte wissenschaftlich Karriere zu machen. Mit der Partei hat er zu keinem Zeitpunkt gebrochen. Kuczynski, der sperrige und selbstkritische DDR-Intellektuelle, der Historiker und Sozialist aus Elberfeld, hat die *Wende* als authentischer Kopf überlebt, ohne sich dabei den Hals zu verdrehen. Als der Begriff noch nicht kontaminiert war, bezeichnete man ihn gern als *Querdenker* oder als *fröhlichen Marxisten.* Er selbst beschrieb sich einmal als *linientreuer Dissident,* was es wohl am besten trifft. Als Historiker - und als solcher hat er gerade auch junge Forscher im Westen beeindruckt und geprägt - war er enorm produktiv und wissenschaftlich anregend. Seine monumentale *Geschichte der deutschen Arbeiterbewegung* etwa umfasste satte 38 dickleibige Bände. Mit seiner *Geschichte des Alltags des deutschen Volkes* wirkte er geradezu stilbildend bei seinen Kolleg:innen vor und hinter dem *Eisernen Vorhang,* indem er zu einem damals neuen Blick auf die Geschichte ermunterte. Er hat der Nachwelt rund 4.000 eigene Publikationen hinterlassen, davon zahlreiche Standardwerke, und eine geradezu gigantische Familienbibliothek mit mehr als 70.000 Titeln. Er starb 1997 im biblischen Alter von fast 93 Jahren, begraben auf dem Berliner Dorotheenstädtischen Friedhof, in der Nachbarschaft von Georg Wilhelm Friedrich Hegel, Johann Gottlieb Fichte, Bertolt Brecht, Anna Seghers und Johannes Rau.

7. Literaturhinweise

Bluma, Lars (Hg.): Friedrich Engels - Ein Gespenst geht um in Europa. Begleitband zur Engelsausstellung 2020, Remscheid 2020

Bruyn-Ouboter, Hans Joachim de: 1200 Jahre Barmen. Die Stadtgeschichte, Wuppertal 2009

Friedrich Engels-Jahr 2020, Sonderheft 29(Geschichte im Wuppertal)2020, Zeitschrift des Bergischen Geschichtsvereins Abt. Wuppertal, hrsg. v. Folke Obermark-Stiller / Uwe Eckardt

Goebel, Klaus / Wichelhaus, Manfred (Hg.): Aufstand der Bürger. Revolution im westdeutschen Industriezentrum, Wuppertal 1974

Ders. / Knieriem, Michael / Schnöring, Kurt / Wittmütz, Volkmar (Hg.): Geschichte der Stadt Wuppertal, Wuppertal 1977

Ders. (Hg.): Unter Hakenkreuz und Bombenhagel. Die Irreführung einer Generation in Beispielen und Augenzeugenberichten aus Wuppertal, Wuppertal 1989

Ders: Wer die Schule hat, der hat die Zukunft. Gesammelte Aufsätze zur rheinisch-westfälischen Schulgeschichte, hg. v. Hans-Georg Kirchhoff, Bochum 3. Aufl. 1997

Gorißen, Stefan / Sassin, Horst / Wesoly, Kurt (Hg.): Geschichte des Bergischen Landes, Bd. 2: Das 19. und 20. Jahrhundert, Bielefeld 2016

Heil, Tanja / Putsch, Ralf (Hg.): Original aus dem Tal. Wuppertaler Innovationen und Pionierleistungen, Wuppertal 2019

Herberts, Hermann: Alles ist Kirche und Handel: Wirtschaft und Gesellschaft des Wuppertals im Vormärz und in der Revolution 1848/49, Neustadt/Aisch 1980

Herbert, Ulrich: Geschichte Deutschlands im 20. Jahrhundert, München 2014

Hobsbawm, Eric: The Age of Revolution: 1749–1848, New York 1996

Ders.: Das lange 19. Jahrhundert: Europäische Revolution, Die Blütezeit des Kapital, Das Imperiale Zeitalter, Darmstadt 2017

Huck, Gerd / Reulecke, Jürgen (Hg.): Reisen im Bergischen Land um 1800, Neustadt/Aisch 1978

Hunt, Tristram: Friedrich Engels. Der Mann der den Marxismus erfand, Berlin 2013

Jordan, Horst / Wolff, Heinz (Hg.): Werden und Wachsen der Wuppertaler Wirtschaft. Von der Garnnahrung 1527 zur modernen Industrie, Wuppertal 1977

Knieriem, Michael (Hg:): Michels Erwachen. Emanzipation durch Aufstand? Neustadt/Aisch 1998

Köllmann, Wolfgang: Sozialgeschichte der Stadt Barmen im 19. Jahrhundert, Tübingen 1960

Krabbe, Wolfgang: Kommunalpolitik und Industrialisierung: Die Entfaltung der städtischen Leistungsverwaltung im 19. und frühen 20. Jahrhundert, Stuttgart 1997

Landowski, Franz: Kampf gegen Armut und Krankheit, in: Schön, Stefan: Wuppertal im Kampf gegen die Not, hrsg. v. Stadtverwaltung, Wuppertal 1947

Lenger, Friedrich Urbanisierung und Stadtentwicklung im Wuppertal während des 19. Jahrhunderts, in: Ders.: Stadt Geschichten. Deutschland, Europa und die USA, Frankfurt/ Main 2009

Ders.: Metropolen der Moderne. Eine europäische Stadtgeschichte seit 1850, München 2013

Marßolek, Inge: Arbeiterbewegung nach dem Krieg (1945–1948). Am Beispiel Remscheid Solingen, Wuppertal, Frankfurt/Main, New York 1983

Matzerath, Horst: Urbanisierung in Preußen 1815 – 1914, Köln 1985

Nelles, Dieter: Der Widerstand gegen den Nationalsozialismus in Wuppertal 1933 bis 1945, in: Okroy, Michael / Schrader, Ulrike (Hg.): Der 30. Januar 1933 – Ein Datum und seine Folgen, Wuppertal 2004, S. 33–45

Osterhammel, Jürgen: Die Verwandlung der Welt. Eine Geschichte des 19. Jahrhunderts, München 2. Aufl. 2016

Pielhoff, Stephen (Hg.): Jürgen Reulecke. Bergische Miniaturen. Geschichten und Erfahrungen, Essen 2010

Pogt, Herbert (Hg.): Vor fünfzig Jahren. Bomben auf Wuppertal. Die Bombenangriffe auf Wuppertal am 30. Mai und 25. Juni 1943. Aufsätze und Zeitzeugenberichte, Wuppertal 1993

Reulecke, Jürgen: Geschichte der Urbanisierung in Deutschland, Frankfurt/Main 1992

Ders.: Eine alte Textilregion im Wandel, in: Ders, Bergische Miniaturen, Essen 2010

Rhefus, Reiner: Friedrich Engels im Wuppertal, Hamburg 2020

Schnöring, Kurt: Wuppertal nach dem Krieg – Ende und Neubeginn, in: Goebel, Klaus u.a. (Hrsg.): Geschichte der Stadt Wuppertal, Wuppertal, 1977, S. 159ff

Ders.: Zwischen Bangen und Hoffen. Stunde null in Wuppertal. Ende und Neubeginn 1945, Bottrop, Essen 1995

Schörken, Rolf: Indianer Spielen und marschieren. Kindheit und Kinderkultur in Barmen der 1930er Jahre, Wuppertal 2006

Thun, Alphons: Die Industrie am Niederrhein und ihre Arbeiter, Zweiter Theil: Die Industrie des bergischen Landes, Leipzig 1879

Ünlüdag, Tania: Historische Texte aus dem Wupperthale. Quellen zur Sozialgeschichte des 19. Jahrhunderts, Wuppertal 1989

Van Laak, Dirk: Eine kurze (Alltags-) Geschichte der Infrastruktur – Essay, In: Aus Politik und Zeitgeschichte (APuZ 16-172017), http://www.bpb.de/apuz/246420/eine-kurze-alltags-geschichte-der-infrastruktur?p=all

Vonde, Detlef: Revier der großen Dörfer. Industrialisierung und Urbanisierung im Ruhrgebiet 1870-1918, Essen 1989

Ders.: Dass der Mensch was lernen muss. Bildungsgeschichte(n) aus dem Ruhrgebiet und dem Bergischen Land, Wuppertal 2011

Ders.: Schule und Bildung, in: Gorißen / Sassin / Wesoly, Geschichte des Bergischen Landes, S. 488–528

Ders.: Auf den Barrikaden. Friedrich Engels und die gescheiterte Revolution von 1848/49, Wuppertal 2019

Wittmütz, Volkmar: Schule der Bürger. Die höhere Schule im Wuppertal 1800-1850, Wuppertal 1981

Ders.: Kleine Wuppertaler Stadtgeschichte, Regensburg 2013

8. Bildnachweis

Titelbild:	Blick auf die alte Reichsbahndirektion, Foto: Detlef Vonde
S.35	Barmen, um 1856, Lithografie Wilhelm Riefstahl, gemeinfrei
S. 36	Denkmal Engelsgarten, Foto: Detlef Vonde
S. 40	Gustav_Kühne, aus: Illustrirte Zeitung, Bd. 51 (1868), S. 61, gemeinfrei
S. 43	Auswandererschiff, Hamburg - New York um 1850, Collection of the Lower East Side Tenement Museum, gemeinfrei
S. 45	Allgemeine Auswanderungszeitschrift, Repro Detlef Vonde
S. 48	Johann Jakob Aders, Foto: Hofphotogr. Richter, Elberfeld - Edmund Strutz: Die Ahnentafeln der Elberfelder Bürgermeister und Stadtrichter von 1708–1808. Wuppertal 1936, gemeinfrei
S. 53	Wupper am Mühlenschütt, Foto Louis Stüting 1870, gemeinfrei
S. 56	Schlachthof Elberfeld am Brausenwerth, Stadtarchiv Wuppertal
S. 58	Alle Öl auf Leinwand aus: Katalog zur Ausstellung Johann Peter Hasenclever (1810-). Mainz 2003 (Philipp von Zabern Verlag), S. 235 Kinder im Winter 1837, S. 260 Das Lesekabinett 1843, S.289 Lasset die Kindlein zu mir kommen, um 1852

S. 62,65	Friedrich Adolf Diesterweg, 1865, in: Klaus Goebel: Wer die Schule hat, der hat die Zukunft. Gesammelte Aufsätze zur rheinisch-westfälischen Schulgeschichte, hg. v. Hans-Georg Kirchhoff, Bochum 3. Aufl. 1997
S. 68	weibliches Handarbeiten, Stadtarchiv Solingen
S. 70	Hall of Science, Salford 1839, Working Class Movement Library Salford
S. 73	Bildung für alle, Ausstellungsplakat 2019, Foto: Detlef Vonde
S. 75	Elberfeld 1855, Lithografie Wilhelm Riefstahl, gemeinfrei
S. 78	Johannes von Miquel, Portrait, gemeinfrei
S. 81	Die Städteordnung für die Rheinprovinz von 1856, Portal Rheinische Geschichte (lvr.de)
S. 85	Der Räuber, Ölgemälde von Theodor Hildebrandt 1829, gemeinfrei
S. 91	Johann Peter Hasenclever, Öl auf Leinwand 1837
S. 94	Familie Enters, aus: Klaus Goebel and Günter Voigt, 1985. Die kleine, mühselige Welt des jungen Hermann Enters: Erinnerungen eines Amerika-Auswanderers an das frühindustrielle Wuppertal, Wuppertal, 1985
S. 96	Armut, Lithografie 1843, Deutsches Historisches Museum
S. 99	Armenhaus Elberfeld, Annalen der Stadt Elberfeld, Jg. 12, Heft 10 (1825): Wohnungen für Fabrikarbeiter und Armenhaus / Peter Wilhelm Kreeft. Lithographie, 1825

S. 102	Adolf Kolping, gemeinfrei
S. 105	Karl Wilhelm Diefenbach, Foto: Münchner Illustrierte, 4. Januar 1914, S. 8, gemeinfrei
S. 111	Salamander Theater, Postkarte um 1910, gemeinfrei
S. 112	Reisebroschüre, gemeinfrei
S. 116	Hungry Forties, Working Class Movement Library, Salford
S. 119	Titelblatt Gesellschaftsspiegel. Organ zur Vertretung der besitzlosen Volksklassen und zur Beleuchtung der gesellschaftlichen Zustände der Gegenwart. Redakteur: M. Hess. Band II, Heft XI. Elberfeld, Baedeker, 1846 gemeinfrei
S. 123	Armenviertel Elberfeld, Stadtarchiv Wuppertal
S. 125	Friedrich Wilhelm IV, Karikatur 1849 von Isidor Popper (1816–1884), gemeinfrei
S. 130	Barrikade in Paris, von Raunheim und Flatters, Lithografie 1848, Aus: Kunst der bürgerlichen Revolution von 1830 bis 1848/49² Berlin 1973, S.49
S. 133	Der Düsseldorfer Landwehrmann auf dem Manöver, in: Düsseldorfer Monatshefte, aus: Michael Knieriem: Michels Erwachen. Wuppertal 1998, S.69
S. 137	Albert Mann 1953, Barrikaden. Ölgemälde. Deutsches Historisches Museum. Bildarchiv. Inventarnummer: Kg 54/13
S. 141	Impfgegner um 1800, James Gillray 1802, The Cow Pock or the Wonderful Effects of the New Inoculation, Creativ Commons under the license of http://wellcomeimages.org/

S. 144	August Reinsdorf, Stahlstich um 1885, www.lexikon-der-politischen-strafprozesse.de
S. 148	Anstehen nach Brot, 1945, Bundesarchiv Bild 183-R00012
S. 155	Phillipp Scheidemann 1918, Creative Commons lizensiert unter Bundesarchiv Bild 146-1970-051-17
S. 168	Aufräumen nach dem Krieg, in: Schön, Stefan: Wuppertal im Kampf gegen die Not, hrsg. v. Stadtverwaltung. Wuppertal 1947
S. 174	Alltag in Trümmern, Foto: Privatsammlung Beatrix Klein
S. 176	Notunterkunft nach dem Krieg, aus: Schön, Stefan: Wuppertal im Kampf gegen die Not, hrsg. v. Stadtverwaltung. Wuppertal 1947
S. 180	Schwarzmarkt, Jugendliche handeln mit Zigaretten, Bundesarchiv Bild 183R79014
S. 184	Robert Schnell, Schriftsteller, Stadtarchiv Wuppertal
S. 192	Johann Rütger Brüning, Ölgemälde von Richard Seel1844, gemeinfrei
S. 196	Königsstraße Elberfeld, nach einem Stich in den Annalen 1842, in: Das Wuppertal im 19. Jahrhundert, Dokumentation einer Ausstellung. Wuppertal 1977, S.11
S. 197	Johann Adolf von Carnap, Stadtarchiv Wuppertal
S. 200	Carl Emil Lischke, Stadtarchiv Wuppertal
S. 203	Paul Hopf, Stadtarchiv Wuppertal

S. 206	Heinz Gebauer, Foto aus: www.virtuelle-gedenkstätte-viersen.de
S. 208	Johann Gottfried Brügelmann, Portrait Medaille um 1800, gemeinfrei
S. 211	Bahnhof Steinbeck 1840, aus: Goebel, Klaus / Wichelhaus, Manfred: Aufstand der Bürger, Wuppertal 1974, Abb. 11, 6
S. 212	Friedrich Wilhelm Wilberg, aus: Goebel, Klaus: Schule im Schatten. Die Volksschule in den Industriestädten des Wuppertals und seiner niederbergischen Umgebung um 1850, Wuppertal 1978
S. 217	The Irish Hovel, bereitgestellt von: Working Class Movement Library, Salford
S. 221	Aloys Pollender, Foto von Emil Hardt (1877 - 1945), Original Stadt Wipperfürth. gemeinfrei
S. 223	Herrmann Heinrich Becker 1878, aus einem Gemälde von Julius Schrader, gemeinfrei
S. 226	Wilhelm Marx, Porträt des Reichskanzlers von Wilhelm Ritterbach, Düsseldorf 1924, gemeinfrei
S. 230	Plakat zur Ersten Internationalen Arbeiterolympiade 1925, von Willibald Krain, gemeinfrei
S. 232	Theodor Oskar Louis Julius Friedrich, Stadtarchiv Wuppertal
S. 234	Ewald Funke, Foto aus: Gedenkbuch für die NS-Opfer in Wuppertal, www.gedenkbuch-wuppertal.de
S. 236	Hubert Tigges, 1928, www.drtigges.de
S. 240	Jürgen Kuczynski, Foto: Zentral- und Landesbibliothek Berlin

Verlag Edition Köndgen